BAUSTEINE

Sachunterricht

3

Herausgegeben von
Beate Drechsler-Köhler

Erarbeitet von
Ilka Deichmüller, Beate Drechsler-Köhler,
Stefanie Güttes, Edith Nitsche, Dorothe Noerdlinger,
Marco Streubel und Claudia Wiederstein

Diesterweg

Inhalt

Was du alles tun kannst:

- schreiben/ankreuzen
- etwas herstellen
- Informationen beschaffen
- experimentieren
- messen
- Partnerarbeit
- malen/zeichnen
- beobachten/betrachten
- erkunden
- präsentieren
- sammeln
- Gruppenarbeit

Im Lexikon ab Seite 104 findest du alle Wörter mit *

Mein Buch

Welches Tier lebt hier?
Informiert euch über das Tier.
Besprecht, was ihr herausgefunden habt.

Erkundet, was sich noch verändert hat.

Baut Papierflugzeuge.
Untersucht, welches am weitesten fliegt.

Sammelt den Müll vom Schulhof ein.

Stellt Regeln für das Klettergerüst auf.
Gestaltet ein Regelplakat.
Stellt es in der Pause euren Mitschülern vor.

Messt die Flugstrecken.
Notiert die Ergebnisse und vergleicht sie.

Wir sind zurück

Mein Ferienerlebnis

1 Was könnten die Kinder in den Ferien erlebt haben?

2 Berichtet von euren Ferienerlebnissen und bringt Erinnerungsstücke mit.

Ein neues Schuljahr

Klasse: 2c Frau Müller Raum: 4

		Montag	Dienstag	Mittwoch	Donnerstag	Freitag
1	8.05–8.50	SU	Reli	D	Kl. Rat	Reli
2	8.50–9.35	D	D	D	SU	D
	9.35–9.55	Pause	Pause	Pause	Pause	Pause
3	9.55–10.40	Ma	Ma	Spo	D	Ma
4	10.40–11.25	Spo	Mus	Ma	Ma	Ku
	11.25–11.35	Pause	Pause	Pause	Pause	Pause
5	11.35–12.20	Kl. Rat	Spo			Ku
6	12.25–13.10					

Klasse: 3c Frau Müller Raum: 7

		Montag	Dienstag	Mittwoch	Donnerstag	Freitag
1	8.05–8.50	D	Ma	Ma	Engl.	Ma
2	8.50–9.35	Ma	D	Engl.	Ma	D
	9.35–9.55	Pause	Pause	Pause	Pause	Pause
3	9.55–10.40	SU	Mus	SU	D	Ku
4	10.40–11.25	Reli	Schwim	SU	D	Ku
	11.25–11.35	Pause	Pause	Pause	Pause	Pause
5	11.35–12.20	Mus	Schwim		Reli	SU
6	12.25–13.10	Kl. Rat	Schwim		Kl. Rat	

3 Was hat sich bei den Kindern der Klasse 3c nach den Ferien verändert?

4 Was hat sich in eurer Klasse nach den Ferien verändert?

5 Welche Veränderungen gefallen euch gut? Welche nicht so gut?

Klassenregeln

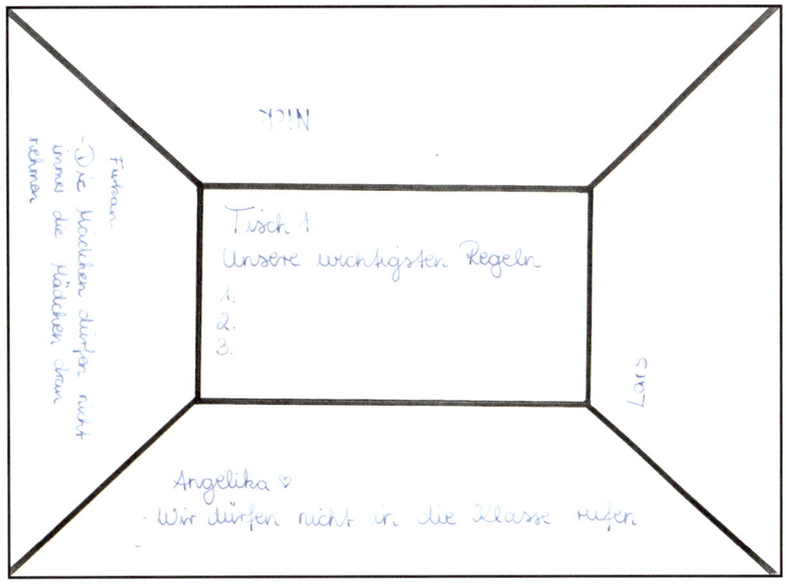

① Jeder schreibt seine Ideen in sein Feld des Blattes.

② Sprecht über eure Ideen in der Gruppe.

③ Einigt euch auf drei Regeln, die euch am wichtigsten sind. Schreibt sie in die Mitte.

④ Sammelt die Regeln aller Gruppen. Erstellt ein Regelplakat.

Klassengespräch

1 Was wird in diesem Klassengespräch besprochen?

2 Nenne Gründe für ein Klassengespräch.

3 Überlegt euch Gesprächsregeln für euer Klassengespräch.

Wer soll Klassensprecher oder Klassensprecherin werden?

1 Was meint ihr zu den Aussagen der Kinder?

2 Welche Aufgaben soll euer Klassensprecher erfüllen?

3 Welche Eigenschaften braucht ein Klassensprecher?

4 Möchtest du gerne Klassensprecher werden? Überlege für dich.

Information

Die **Klassensprecherwahl** ist ein demokratisches* Entscheidungsverfahren.

Eine demokratische Wahl ist ...

allgemein: Alle Kinder der Klasse haben das Recht zu wählen oder sich als Kandidat zur Wahl aufstellen zu lassen.

frei: Jedes Kind kann sich frei entscheiden.

gleich: Jedes Kind hat gleich viele Stimmen und alle Stimmen zählen gleich.

geheim: Niemand sollte lesen, was ein Kind auf den Stimmzettel schreibt.

unmittelbar: Die Wähler wählen den Kandidaten direkt.

Information

Die Wahl

Wähler
Die Wähler schreiben ihren Kandidaten auf einen Stimmzettel. Alle Kinder einer Klasse sind Wähler, auch Wahlhelfer und Kandidaten.

Wahlhelfer
Die Wahlhelfer führen die Wahl durch. Sie sammeln die Wahlzettel ein und zählen die Stimmen aus. Sie sollten selbst nicht kandidieren.

Kandidaten
Die Kandidaten stellen sich zur Wahl. Vor der Wahl erklären sie, warum sie Klassensprecher sein möchten. Kandidaten dürfen sich selbst wählen.

Durchführung

① Die Wahlhelfer werden bestimmt.
② Die Kandidaten werden aufgestellt.
③ An alle Kinder werden Stimmzettel verteilt.
④ Die Wähler schreiben ihren Wunschkandidaten auf ihren Stimmzettel.
⑤ Die Wahlhelfer sammeln die Stimmzettel ein.
⑥ Die Wahlhelfer zählen die Stimmen aus.
⑦ Der Kandidat mit den meisten Stimmen wird Klassensprecher.
⑧ Der Kandidat mit den zweit meisten Stimmen wird Stellvertreter.

Regeln für die Durchführung

ein Name auf dem Stimmzettel	Tim	gültig
zwei Namen auf dem Stimmzettel	Anna Mia	ungültig
kein Name auf dem Stimmzettel		Enthaltung

Bei einer Enthaltung wird keiner der Kandidaten unterstützt.

Getreide

Getreideprodukte

1 Welche Getreideprodukte kennst du?

2 Aus welchen Getreidesorten werden sie hergestellt?
Notiere in einer Tabelle.

Weizen	Roggen	Hafer	Mais
…	…	Haferflocken	…

3 Welche Getreideprodukte isst du regelmäßig?

Information

In der Steinzeit* haben die Menschen begonnen Getreide anzubauen.
Heute wird Getreide auf der ganzen Welt genutzt: als Nahrungsmittel, als Futtermittel und zur Gewinnung von Alkohol*.
Bei uns in Europa* sind die häufigsten Getreidesorten:
Weizen, Triticale*, Roggen, Gerste, Hafer und Mais.
In Asien* wird hauptsächlich Reis angepflanzt. Mais wird weltweit angebaut.
Bei uns in Deutschland wird er hauptsächlich als Tierfutter verwendet.

Experiment

Vom Korn zum Mehl

① Wie kann man mit diesen Geräten Mehl herstellen?
② Bringt Weizenkörner mit und stellt selbst Mehl her. Welche Geräte habt ihr dabei verwendet?
③ Vergleicht euer Mehl mit weißem Weizenmehl.
④ Wie wird weißes Mehl hergestellt?

Verschiedene Mehlsorten

1 Bringt unterschiedliche Mehlsorten mit und untersucht sie. Was fällt euch auf?

2 Vergleicht unterschiedliche Weizenmehltypen.

3 Informiere dich bei einem Bäcker, aus welchen Getreide- und Mehlsorten die verschiedenen Brote hergestellt werden.

Vollkorn-Bäckerei

Vollkornbrötchen

1 Beutel Trockenhefe
1 Teelöffel Salz
350 ml lauwarmes Wasser
400 g Weizenvollkornmehl
jeweils 1 halber Teelöffel
Mohn, Sesam, Sonnenblumenkerne

① Trockenhefe, Salz und Mehl gut vermischen.
② Wasser hinzufügen und alles zu einem Teig kneten.
③ Teig abdecken und an einem warmen Ort etwa 1 Stunde gehen lassen.
④ Teig nochmals gut durchkneten.
⑤ Aus dem Teig Brötchen formen.
⑥ Geformte Brötchen mit Mohn, Sesam und Sonnenblumenkernen bestreuen und 30 Minuten gehen lassen.
⑦ Brötchen im vorgeheizten Backofen bei 175 °C etwa 20 Minuten backen.

Haferflocken-Plätzchen

125 g Margarine
250 g kernige Haferflocken
125 g Zucker
2 Eier
1 Esslöffel Mehl
1 halber Teelöffel Backpulver

① Margarine in einem Topf schmelzen.
② Haferflocken unterrühren.
③ Eier und Zucker in einer Schüssel schaumig rühren.
④ Mehl und Backpulver mit der Eier-Zuckermischung verrühren.
⑤ Zum Schluss die Haferflocken-Margarine-Mischung unterrühren.
⑥ Kleine Plätzchen formen.
⑦ Im vorgeheizten Backofen bei 175 °C etwa 15 Minuten backen.

1 Probiert die Rezepte aus.

2 Sammelt Vollkornrezepte und erstellt eine Kartei.

Information

Vom Korn zum Brot

Mit einer Sämaschine werden die Getreidekörner auf den Feldern ausgesät. Wenn sie keimen, wächst daraus eine Getreidepflanze.

Wenn die Getreidekörner reif sind, wird das Getreide geerntet. Mit Mähmaschinen werden die Körner automatisch von der restlichen Pflanze getrennt. Das Stroh wird automatisch gebündelt.

Von der Mähmaschine wird das Korn auf einen Getreidewagen geblasen. Dieser fährt mit dem Korn zu einem Getreidehändler oder zu einer Mühle.

In der Mühle wird das Korn in großen Getreidesilos* gelagert. Zuerst wird das Korn gereinigt und dann zwischen zwei Walzen gemahlen. Dabei entsteht Mehl. Es wird in großen Mehlsilos gelagert bis es verkauft wird.

Der Bäcker backt in seiner Backstube Brot, Brötchen, Kuchen und andere Backwaren aus dem Mehl. Diese Backwaren verkauft er in seiner Bäckerei.

1 Notiere dir zu jedem Bild drei Stichworte aus dem Text.

2 Halte den Text zu und erzähle mit Hilfe deiner Stichworte zu den Bildern.

Information

Das Getreidekorn

Der Mehlkörper des Getreidekorns enthält hauptsächlich Stärke. Stärke ist ein Kohlenhydrat*. Die drei Randschichten enthalten Mineralstoffe*, Fette, Eiweiße*, Vitamine* und Ballaststoffe*. Wird das ganze Korn gemahlen, erhält man Vollkornmehl. Für weißes Mehl werden die Schalen entfernt.

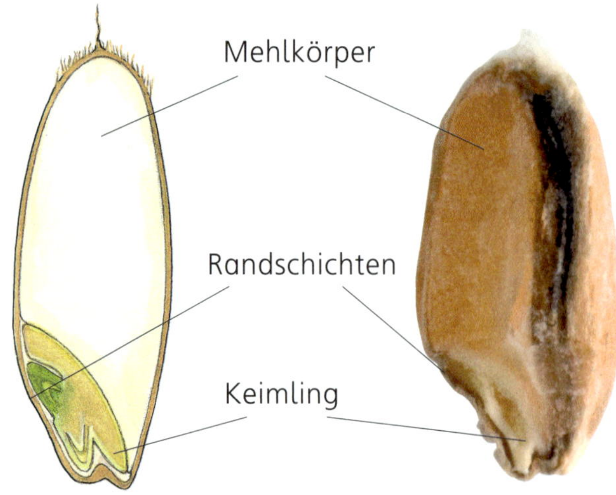

Die Getreidepflanze

Die Getreidepflanze gehört zu den Gräsern. Sie wurde über viele tausend Jahre aus Wildgräsern gezüchtet. Die Pflanzen aller Getreidearten haben einen langen Stängel mit Knoten. Sie machen den Halm stabiler. Die Körner stehen gemeinsam in Ähren, in Kolben oder in Rispen. Jedes einzelne Korn ist von einer Hülle umgeben, die man Spelze nennt. Manche Getreidekörner haben Grannen.

1 Welche Stoffe sind in weißem Mehl nicht enthalten?

2 Welches Mehl ist gesünder?

3 Lege einige Getreidekörner in eine Schale mit Watte und etwas Wasser. Beobachte.

4 Zerlege eine Getreidepflanze und benenne die unterschiedlichen Teile.

Information

Getreidesorten für unsere Ernährung

Den **Weizen** erkennt man an seiner dicken und runden Ähre ohne Grannen. Weizen ist die bei uns am häufigsten angebaute Getreideart und spielt für unsere Ernährung eine wichtige Rolle. Das weiße Weizenmehl ist vor allem in Backwaren und Nudeln enthalten.

Der **Roggen** hat eine lange, vierkantige und gerade Ähre mit 1–3 cm langen Grannen. Aus Roggen gewinnt man dunkles Mehl für verschiedene Brotsorten, wie zum Beispiel Schwarzbrot oder Pumpernickel*. Roggen dient auch als Tierfutter.

Die **Gerste** hat eine flache Ähre mit sehr langen Grannen. Aus Gerste kann man Malz* gewinnen. Es wird zur Herstellung von Bier verwendet. Auch Graupen* werden aus Gerste hergestellt. Gerste wird ebenfalls als Tierfutter verwendet.

Der **Hafer** ist ein Rispengras. An der Rispe hängen einzelne Körner mit kurzen Grannen. Wenn die einzelnen Haferkörner getrocknet, entspelzt und gewalzt werden, entstehen daraus Haferflocken. Diese enthalten noch viele wichtige Vitamine* und sind sehr gesund. Als Tierfutter wird Hafer besonders bei Pferden verwendet.

Mais erkennt man an seinem Kolben, an dem rundliche gelbe Körner in Reihen angeordnet sind. Es gibt verschiedene Maissorten, die bei uns als Gemüse gegessen oder zu Popcorn* und Cornflakes* verarbeitet werden. Spezieller Futtermais dient als Tierfutter.

1 Findet heraus, welche dieser Getreidesorten in eurer Nähe angebaut werden.

2 Sammelt verschiedene Getreidesorten und bestimmt sie.

Gruppenpuzzle

So sitzen die Kinder jeweils in den Stamm- und Expertengruppen.

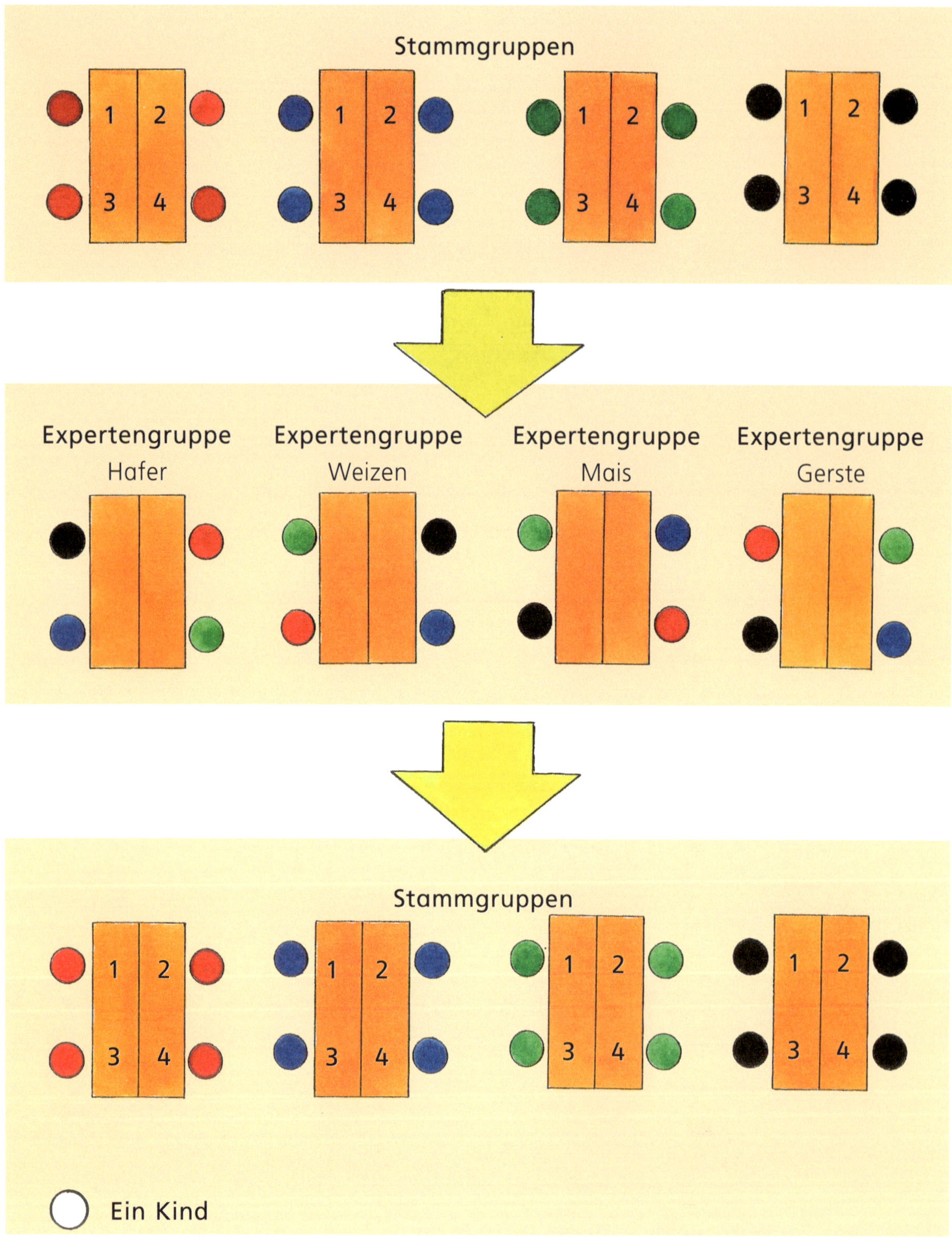

So geht es

Aufteilung der Stammgruppen

Jedes Kind aus einer Stammgruppe wird einer Expertengruppe zugeteilt.

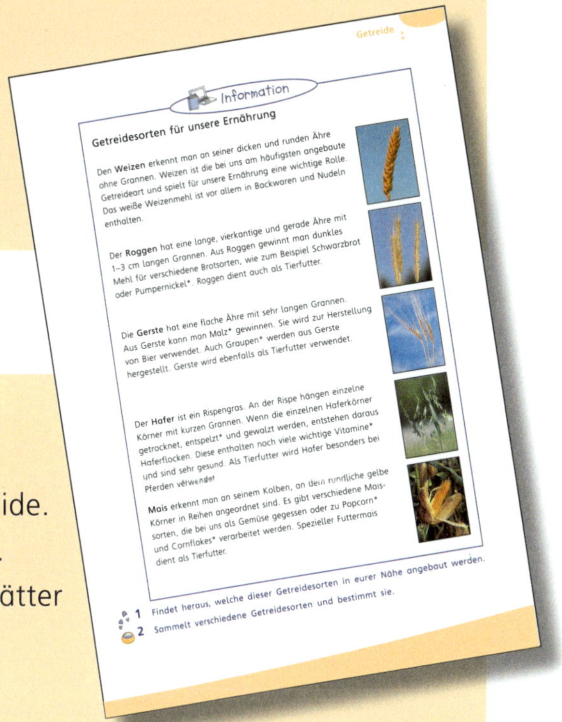

Getreide

Information

Getreidesorten für unsere Ernährung

Den **Weizen** erkennt man an seiner dicken und runden Ähre ohne Grannen. Weizen ist die bei uns am häufigsten angebaute Getreideart und spielt für unsere Ernährung eine wichtige Rolle. Das weiße Weizenmehl ist vor allem in Backwaren und Nudeln enthalten.

Der **Roggen** hat eine lange, vierkantige und gerade Ähre mit 1–3 cm langen Grannen. Aus Roggen gewinnt man dunkles Mehl für verschiedene Brotsorten, wie zum Beispiel Schwarzbrot oder Pumpernickel*. Roggen dient auch als Tierfutter.

Die **Gerste** hat eine flache Ähre mit sehr langen Grannen. Aus Gerste kann man Malz* gewinnen. Sie wird zur Herstellung von Bier verwendet. Auch Graupen* werden aus Gerste hergestellt. Gerste wird ebenfalls als Tierfutter verwendet.

Der **Hafer** ist ein Rispengras. An der Rispe hängen einzelne Körner mit kurzen Grannen. Wenn die einzelnen Haferkörner getrocknet, entspelzt* und gewalzt werden, entstehen daraus Haferflocken. Diese enthalten noch viele wichtige Vitamine* und sind sehr gesund. Als Tierfutter wird Hafer besonders bei Pferden verwendet.

Mais erkennt man an seinem Kolben, an dem rundliche gelbe Körner in Reihen angeordnet sind. Es gibt verschiedene Maissorten, die bei uns als Gemüse gegessen oder zu Popcorn* und Cornflakes* verarbeitet werden. Spezieller Futtermais dient als Tierfutter.

1 Findet heraus, welche dieser Getreidesorten in eurer Nähe angebaut werden.

2 Sammelt verschiedene Getreidesorten und bestimmt sie.

Arbeit in den Expertengruppen

Jede Expertengruppe bearbeitet ein anderes Getreide.

① Die Experten informieren sich über ihr Getreide.

② Die Experten bearbeiten gemeinsam Expertenblätter zu ihrer Getreidesorte.

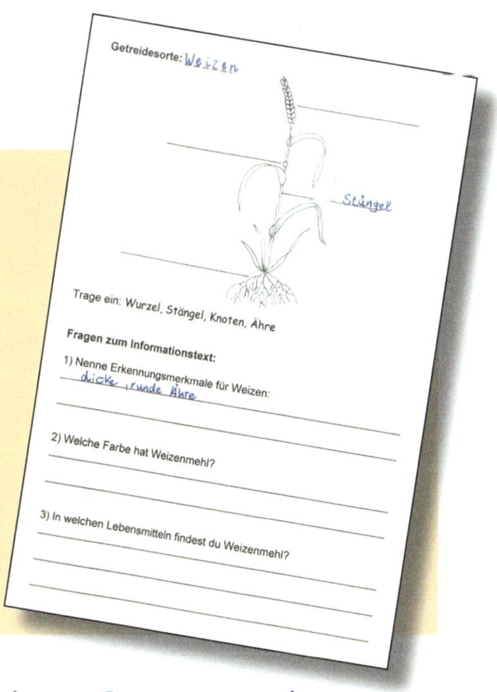

Getreidesorte: Weizen

Trage ein: *Wurzel, Stängel, Knoten, Ähre*

Fragen zum Informationstext:

1) Nenne Erkennungsmerkmale für Weizen:
dicke, runde Ähre

2) Welche Farbe hat Weizenmehl?

3) In welchen Lebensmitteln findest du Weizenmehl?

Arbeit in den Stammgruppen

Die Mitglieder der Stammgruppen kommen wieder zusammen.

① Der jeweilige Experte stellt die Informationen zu seinem Getreide vor.

② Die Mitglieder der Stammgruppe bearbeiten mit Hilfe des Experten das Arbeitsblatt zu diesem Getreide.

③ Danach gehen die anderen Experten genauso vor.

1 Bearbeitet die verschiedenen Getreidesorten in einem Gruppenpuzzle.

Schnelle Flitzer

Räderfahrzeuge selbst bauen

1 Sammelt geeignete Materialien für die verschiedenen Teile eines Fahrzeugs, die ihr zum Bauen verwenden könnt.

2 Wählt Werkzeuge zum Verarbeiten der Materialien aus.

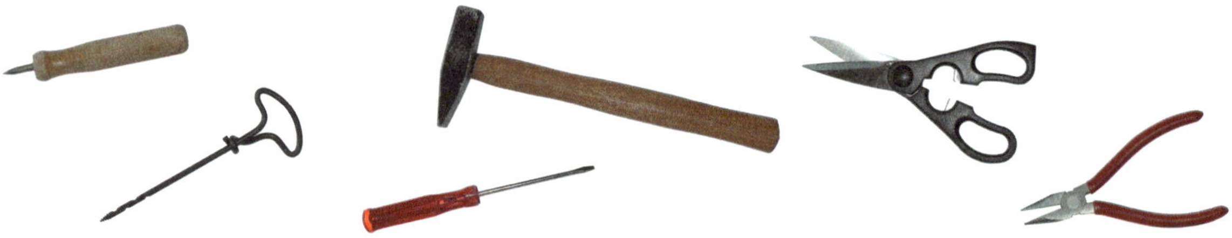

3 Baut selbst Fahrzeuge. Überlegt, wie ihr die Räder befestigen wollt. Es gibt zwei Bauweisen.

Die Räder sind fest mit einer Achse verbunden. Die Achse kann sich drehen.

Die Räder sind drehbar an einer Achse befestigt. Die Achse kann sich nicht drehen.

Fahrzeuge erproben

1 Plant und führt einen Rollwettbewerb mit euren Fahrzeugen durch. Wie müsst ihr vorgehen?

2 Untersucht, warum Fahrzeuge unterschiedlich gut rollen.

3 Welche Eigenschaften der Fahrzeuge sind wichtig für das Rollen?

4 Versucht die Rolleigenschaften eurer Fahrzeuge zu verbessern.

Antriebe für Fahrzeuge

Raketenantrieb

Gummimotor

Segel

5 Baue einen Antrieb an dein Fahrzeug.

6 Prüfe erneut die Fahreigenschaften deines Fahrzeuges.

7 Wie weit fährt dein Fahrzeug mit dem Antrieb? Miss die Strecke.

Information

Teile eines Fahrzeuges

Das Automobil

Das Wort Automobil ist zusammengesetzt aus den Wörtern *auto* und *mobilis*.
Das Wort *auto* ist griechisch und bedeutet *selbst*.
Das Wort *mobilis* ist lateinisch und bedeutet *beweglich*.

Das Wort *motor* ist lateinisch und bedeutet *Beweger*.
Ein Motor nutzt zum Beispiel die Energie*, die bei der Verbrennung von Benzin oder Dieselkraftstoff frei wird zur Bewegung des Automobils.

Die Lenkung

Fahrrad | Seifenkiste | Automobil

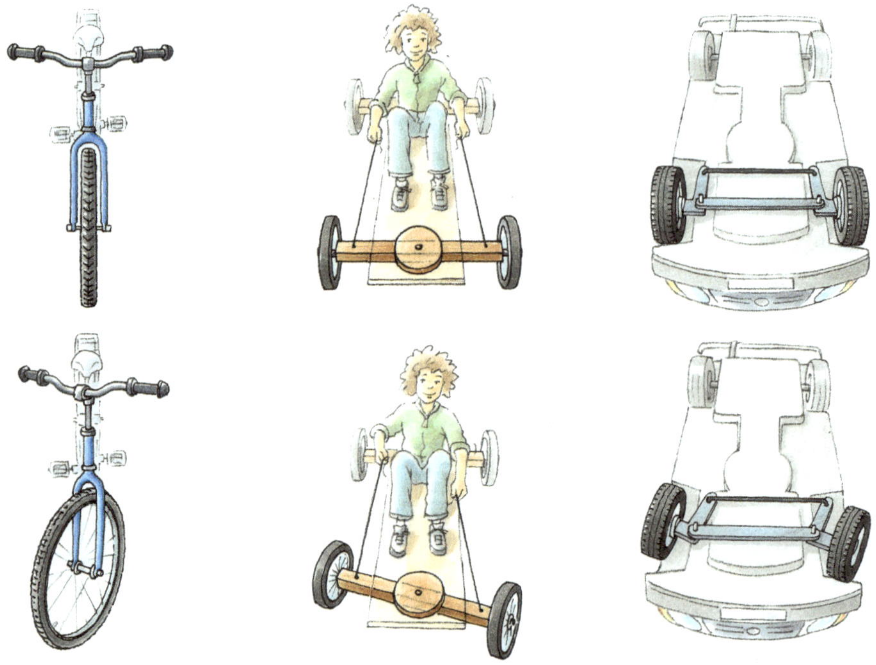

Fahrzeuge mit verschiedenen Motoren

SMART fortwo cdi

Der SMART fortwo (sprich: foortu) ist ein Kleinstwagen für 2 Personen. Sein Diesel-Motor verbraucht im Vergleich zu anderen Autos nur sehr wenig Kraftstoff. Man kann bis zu 135 km/h* schnell mit diesem Auto fahren. Beim Fahren produziert er Abgase und Feinstaub.

MINI e

Der MINI e ist ein Kleinwagen für 2 Personen. Sein Elektro-Motor nutzt elektrische Energie*. Er kann damit ca. 150 km/h* schnell fahren. Das Auto kommt damit etwa 170 km weit, dann muss es zum Aufladen an eine Stromquelle angeschlossen werden. Beim Fahren produziert er keine Abgase.

TOYOTA Prius

Der TOYOTA Prius ist ein Kompaktwagen für 5 Personen. Sein Hybrid*-Antrieb besteht aus einem Elektro- und einem Benzin-Motor. Er fährt entweder mit Strom oder mit Benzin. Das Aufladen des Akkus* geschieht während des Fahrens. Beim Fahren mit elektrischer Energie* produziert er keine Abgase.

FORD Focus CNG

Der FORD Focus CNG ist ein Kompaktwagen für 5 Personen. Sein Motor kann Benzin oder Gas verbrennen. Er hat deshalb Tanks für Benzin und für Gas. Seine Höchstgeschwindigkeit beträgt etwa 200 km/h*. Beim Fahren produziert er Abgase und Feinstaub.

1 Schreibe Steckbriefe zu den verschiedenen Fahrzeugen.

2 Diskutiert über Vor- und Nachteile dieser Fahrzeuge.

3 Informiere dich über weitere Fahrzeuge mit diesen Motoren.

Vom Ochsenkarren zum Automobil

Erste Karren mit zwei schweren Rädern aus Holz gab es schon vor mehr als 5000 Jahren. Solche Karren werden heute noch manchmal benutzt.

Vor etwa 500 Jahren gab es Postkutschen.
Sie beförderten Personen und Briefe. Für eine Strecke von 50 km benötigte die Eilpost etwa 6 Stunden.

Carl Benz* baute 1885 in Mannheim das erste Auto, den Benz-Motorwagen. Es wurde von einem Benzinmotor angetrieben, hatte 1 PS* und konnte bis zu 15 km/h* schnell fahren.

Von 1945 bis 1978 wurde in Deutschland der VW Käfer hergestellt. 1950 hatte der VW Käfer 24,5 PS und fuhr bis zu 100 km/h schnell. Er war damals das häufigste Auto in Deutschland. 1955 wurden im Werk Wolfsburg* jeden Tag etwa 1000 VW Käfer produziert. Bis 2002 war der VW Käfer das am meisten verkaufte Auto der Welt. Insgesamt wurden mehr als 21 Millionen VW Käfer gebaut.

Seit 1974 wird der VW Golf als Nachfolger des VW Käfers hergestellt. Die Karosserieform änderte sich. Der Motor wurde vorne und nicht mehr hinten eingebaut. Der Golf hat einen Vorderrad-Antrieb*, während der Käfer einen Hinterrad-Antrieb* hatte. Der Golf ist das am meisten verkaufte VW-Modell.

1 Beschreibe die Unterschiede zwischen den Fahrzeugen.

2 Erzähle zur Entwicklung von Fahrzeugen.

Information

Automobile vom Fließband

Das Ford Modell T war das erste Automobil, das in großer Stückzahl hergestellt wurde. Zwischen 1908 und 1927 wurden in den USA* 15 Millionen produziert.

Für diese Massenproduktion baute Henry Ford* Fließbänder, auf denen die Fahrzeuge durch die Fabrik transportiert wurden. Dabei wurden die Fahrzeuge nacheinander von verschiedenen Arbeitern zusammengebaut.
Ein Arbeiter montierte zum Beispiel immer nur das Lenkrad. Bezahlt wurde er für die Anzahl Lenkräder, die er montiert hatte. Die Fließbandarbeit ist heute noch in Autofabriken zu finden.

Kraftfahrzeuge und Umwelt

Fahrzeuge verursachen Feinstäube. Das sind z. B. sehr kleine Rußteilchen, die in den Abgasen von Benzin- und vor allem von Dieselmotoren enthalten sind. Sie dringen in die Atemwege ein und sind daher gesundheitsschädlich.

Fahrzeuge verursachen Verkehrslärm. Lärm beeinträchtigt Menschen und Tiere. Für Menschen ist dauerhafter Lärm gesundheitsschädlich. Tiere werden durch Lärm in ihrem Brutverhalten gestört.

Bei uns gibt es siebenmal mehr Platz für Verkehrswege als z. B. für Sportplätze und Erholungsflächen. Auch Tiere und Pflanzen werden dadurch eingeengt. Tiere finden auf kleinen Flächen nicht ausreichend Nahrung. Pflanzen können sich nicht verbreiten.

Wetter

So ein Wetter

Heimspiel FC Dorfkicker Süd abgesagt

von Martin Müller

In der Regionalliga Süd ist das für Freitag angesetzte Spiel zwischen dem FC Dorfkicker Süd und dem VfB Fußballhausen aufgrund der Unbespielbarkeit des Platzes kurzfristig abgesagt worden. Nach dem Dauerregen der vergangenen Tage haben die Verantwortlichen nach einer Begehung am Freitagmorgen den Platz des Stadions am Grüngürtel Weg gesperrt. Ein Ersatztermin steht noch nicht fest.

1 Welche Veranstaltungen können noch vom Wetter beeinflusst werden?

2 Hast du schon einmal etwas Ähnliches erlebt?

3 Wann ist das Wetter für dich und deine Familie wichtig?

Wetterbericht

Windrichtung:

höchste/niedrigste Temperatur:

10° / 5°

Bewölkung:

- sonnig
- heiter
- wolkig
- bedeckt

Niederschläge:

- Schauer
- Regen
- Gewitter
- Nebel
- Schnee

4 Erstelle eine Wettervorhersage für eine Stadt auf der Wetterkarte.

5 Bringe eine Wetterkarte aus der Zeitung von heute und eine Wettervorhersage von gestern mit. Vergleiche.

Experiment

Windstärkenmesser bauen

Du brauchst:
- 5 Perlen
- 4 Trinkhalme
- festen Draht
- Blumenkasten
- Blumenerde
- Seidenpapier
- Schreibpapier
- dünnen Karton
- dicken Karton

① Baue einen Windstärkenmesser.
② Überlege, wo und wie du deinen fertigen Windstärkenmesser aufstellst.

Unsere Wetterstation

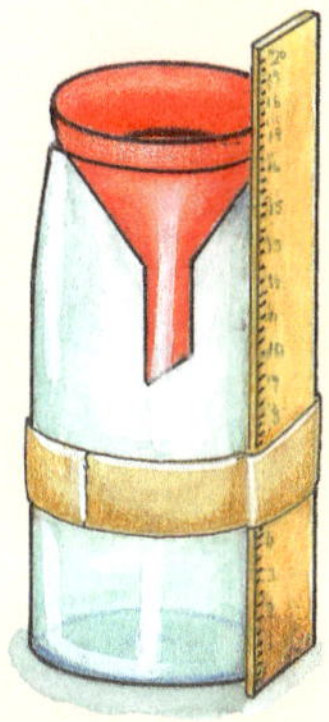

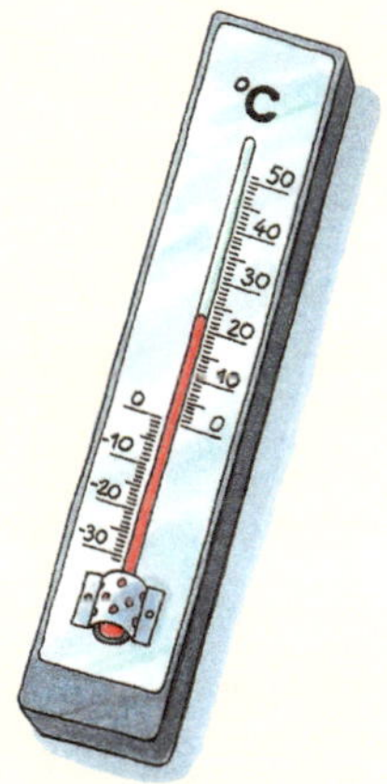

③ Was wird mit den Geräten gemessen?
④ Führt ein Wettertagebuch.
Protokolliert täglich
zur gleichen Uhrzeit.

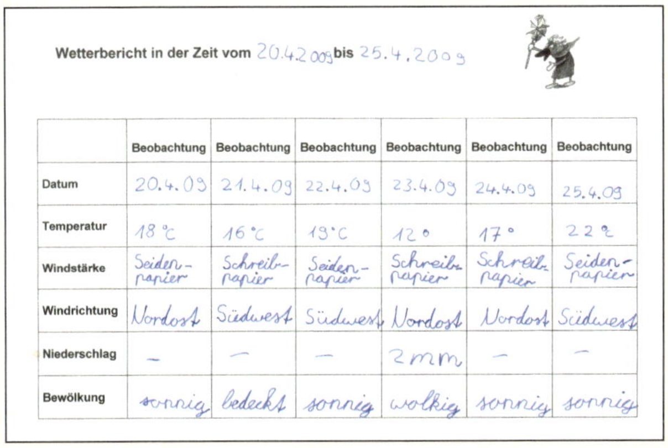

Wetterbericht in der Zeit vom 20.4.2009 bis 25.4.2009

	Beobachtung	Beobachtung	Beobachtung	Beobachtung	Beobachtung	Beobachtung
Datum	20.4.09	21.4.09	22.4.09	23.4.09	24.4.09	25.4.09
Temperatur	18 °C	16 °C	19 °C	12 °	17 °	22 °C
Windstärke	Seiden-papier	Schreib-papier	Seiden-papier	Schreib-papier	Schreib-papier	Seiden-papier
Windrichtung	Nordost	Südwest	Südwest	Nordost	Nordost	Südwest
Niederschlag	–	–	–	2 mm	–	–
Bewölkung	sonnig	bedeckt	sonnig	wolkig	sonnig	sonnig

Information

Wie der Wetterbericht entsteht

Für viele Menschen ist die Wettervorhersage wichtig.

Wetterstation in Hohenpeißenberg, Bayern

Wetterstation von innen

Es gibt ein weltweites Netz von Wetterstationen mit technischen Geräten.

Sie messen an den Stationen rund um die Uhr die Temperatur, die Niederschlagsmenge, die Luftfeuchtigkeit*, die Windrichtung, die Windstärke, die Sonnenscheindauer und den Luftdruck*.

Wetterballon

Wetterballons* funken aus höheren Luftschichten ihre Messergebnisse zu den Wetterstationen.

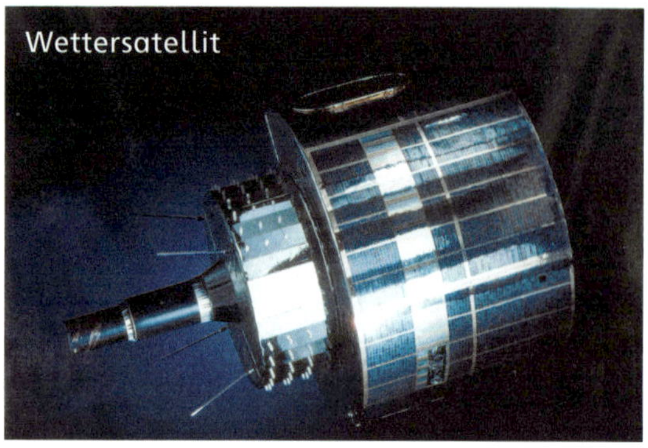
Wettersatellit

Zusätzlich senden Wettersatelliten* Fotos und Daten zur Erde.

Aus diesen Daten erstellen Meteorologen* mit Hilfe von Computern Wetterkarten und Wettervorhersagen.

1 Schlage die Wörter mit Sternchen im Lexikon nach.

2 Woher erhalten Meteorologen Daten zur Wettervorhersage?

3 Findet heraus, wo in eurer Nähe eine Wetterstation ist.

Information

Niederschläge

Regen
Regenwolken enthalten viele kleine Wassertröpfchen. Daraus können größere Tropfen entstehen. Diese fallen als Regen zur Erde.

Nebel
Schweben kleinste Wasserteilchen dicht über dem Erdboden nennt man das Nebel.

Schnee
Kühlen sich die kleinen Wassertröpfchen in den Wolken unter 0 °C ab entstehen Schneekristalle.

Hagel
Hagel entsteht, wenn sich Eiskristalle in den Wolken auf und ab bewegen. Dabei werden die Eiskristalle immer größer.

Tau
Trifft Wasserdampf auf kühle Oberflächen, kondensiert* er und es entstehen Tautropfen.

Reif
Trifft Wasserdampf auf Oberflächen, die kälter als 0 °C sind, gefriert er zu Eis.

1 Wann bleibt Schnee liegen und wann schmilzt er?

2 Wo und wann kannst du die verschiedenen Niederschläge beobachten?

3 Wie entsteht Blitzeis?

Experiment

Was passiert in der Flasche?

Du brauchst: Spülmittel, 1 leere Flasche, etwas Wasser

① Vermische 3 Tropfen Spülmittel mit 3 Teelöffeln Wasser.
② Halte die Öffnung der Flasche so in die Spülmittellösung, dass eine Seifenhaut entsteht.
③ Lege deine Hände vorsichtig, ohne zu drücken, um die Flasche.
④ Beobachte.
⑤ Zeichne die Flasche bevor und nachdem du die Hände aufgelegt hast. Versuche zu erklären.

Luftspirale

Du brauchst: 1 Blatt Papier, Schere und Faden, Nadel

① Zeichne eine Spirale auf ein Blatt.
② Schneide die Spirale aus.
③ Schneide ca. 30 cm von dem Faden ab.
④ Befestige den Faden oben in der Mitte der Spirale.

⑤ Befestige deine Luftspirale über der Heizung. Was passiert? Begründe.

Information

Entstehung von Wind

Luft erwärmt sich über Land stärker als über Wasser.

Die erwärmte Luft dehnt sich nach oben aus.

Wind ist Luft, die in Bewegung ist.

Die warme Luft verteilt sich.

Die kalte Luft strömt nach.

Wirbelstürme

Wirbelstürme sind Winde, bei denen sich die Luft um eine senkrechte Achse, das Auge, dreht. Tornados* und Hurrikane* haben solche Kraft, dass Häuser und Autos herumgewirbelt werden. Sie können Städte und Landschaften zerstören. Wirbelstürme entwickeln sich meistens in tropischen* Gebieten in feuchter Luft über warmem Meerwasser.

1 Erkläre mit Hilfe der Bilder ① bis ④ wie Wind entsteht.

2 Informiere dich, wo und wann es Wirbelstürme gab und wie sie heißen.

Der Wald

Lebensraum Wald

Eule

Fuchs

Waldmaus

① Eiche ② Buche ③ Eichhörnchen
④ Ameisenhaufen ⑤ Eichelhäher ⑥ Buntspecht

Der Wald liefert den Menschen Holz zum Bauen und Heizen.
Die Bäume des Waldes reinigen die Luft und erzeugen Sauerstoff*.
Der Boden speichert Wasser. Der Wald ist für viele Tiere und Pflanzen ein wichtiger Lebensraum, da er viele Verstecke und Nahrungsquellen bietet.

1 Welche Tiere und Pflanzen des Waldes kennst du?

2 Benenne die Tiere und Pflanzen im Bild.

3 Wo im Wald leben die Tiere, die am Rand abgebildet sind?

⑦ Habicht ⑧ Lärche ⑨ Pilze
⑩ Fichten ⑪ Kiefer ⑫ Totholz

Wildschwein

Hirsch

Hirschkuh

Ricke

Rehbock

Die Tiere und Pflanzen des Waldes bilden eine Lebensgemeinschaft. Sie leben miteinander und voneinander. Dabei gibt es viele **Nahrungsketten**: Schnecken fressen Pilze. Waldmäuse fressen Schnecken. Füchse und Eulen fressen Waldmäuse.

4 Ordnet zu einer Nahrungskette: Specht, Borkenkäfer, Buche, Habicht.

5 Erstelle einen Steckbrief zu einem Tier oder einer Pflanze.

6 Informiert euch über weitere Nahrungsketten.

Der Specht, ein Baumbewohner

Buntspecht und Grünspecht kommen in unseren Wäldern häufig vor.

Der Specht hat an seinen vier Zehen spitze Krallen. Mit diesen **Kletterfüßen** kann er sich an Baumstämmen festkrallen und daran hochklettern.

Der Specht hat kräftige Schwanzfedern, den so genannten **Stützschwanz**. Damit stützt er sich am Baumstamm ab und kann so die Rinde behacken, um Baumschädlinge wie Käfer und Larven* zu finden und zu fressen.

Sein Schnabel ist wie ein Meißel geformt und wird **Meißelschnabel** genannt. Damit kann er Löcher in die Rinde hacken, um an Nahrung zu gelangen. Er frisst Larven und Käfer und befreit so den Baum von Schädlingen.

Seine lange **Schleuderzunge** kann er herausschleudern und damit in die Fraßgänge der Käfer und Larven eindringen. Sie bleiben an seiner klebrigen Zunge hängen und können so von ihm gefressen werden.

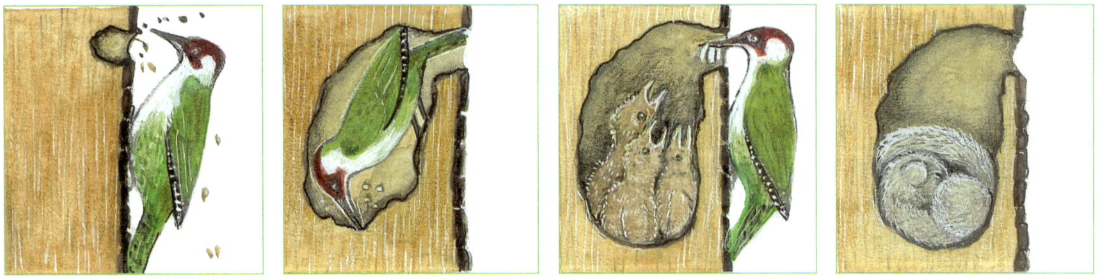

Der Specht ist ein **Höhlenbrüter**. Er meißelt mit seinem Schnabel eine Höhle in den Baumstamm. Dort zieht er seine Jungen auf. Später finden auch andere Tiere in dieser Höhle Unterschlupf.

1 Erkläre die folgenden Begriffe: Kletterfüße, Stützschwanz, Meißelschnabel, Schleuderzunge und Höhlenbrüter.

2 Welche Bedeutung hat der Specht für den Wald?

Den Waldboden erkunden

Der Waldboden bietet Lebensraum für viele Tiere. Sie leben in ihm und auf ihm. Mit einem Schüttelsieb kannst du sie finden und untersuchen.

Du brauchst:
- eine leere Dose mit Deckel
- ein Stück Fliegendraht
- etwas Klebeband
- einen Dosenöffner

Bitte einen Erwachsenen, den Boden der Dose mit einem Dosenöffner zu entfernen.

1 **Baue ein Schüttelsieb wie in der Abbildung.**

2 **Untersuche Waldboden mit dem Schüttelsieb. Welche Tiere hast du gefunden? Benutze ein Bestimmungsbuch. Notiere.**

(bis 50 mm)	(bis 3 mm)	(bis 18 mm)	(bis 50 mm)	(bis 300 mm)
Tausendfüßer	Springschwanz	Assel	Spinne	Regenwurm

3 **Miss und notiere die Längen der gefundenen Tiere und vergleiche sie mit den Längenangaben unter den Zeichnungen.**

4 **Suche verschiedene Materialien oder Dinge aus dem Wald für eine Fühlkiste.**

Rund ums Buch

In der Bücherei

In Büchereien (Bibliotheken) findet man Bücher, Zeitschriften, CDs, DVDs, Spiele und vieles mehr. Jeder, der einen Büchereiausweis hat, darf sie ausleihen. Um die Bücher in der Bibliothek besser zu finden, hat jedes Buch eine Signatur*. Außerdem sind die Bücher nach bestimmten Bereichen geordnet. Es gibt z. B. Regale mit Bilderbüchern und Regale mit Sachbüchern. Sachbücher werden nach verschiedenen Sachgebieten wie z. B. Technik, Natur, Basteln und Geschichte einsortiert.
Im Bibliothekscomputer kann man nach Büchern zu einem bestimmten Thema suchen und erhält die Signatur. Dann muss man das Buch mit dieser Signatur nur noch im Regal suchen.

1 Was ist der Unterschied zwischen Bilderbüchern, Sachbüchern und Erzählungen?

2 Du willst etwas wissen über: Autos, Hamster, Wetter und Ritter. Unter welchen Sachgebieten musst du jeweils suchen?

3 Welche Regeln musst du in einer Bücherei beachten?

4 Erkundigt euch, welche besonderen Aktionen es in eurer Bücherei gibt.

Büchereiordnung

Stadtbücherei-Ordnung

Öffnungszeiten:
Mo–Fr
10:00–19:00 Uhr
Sa
9:00–13:00 Uhr

Entleihung und Rückgabe

1. Entleihung ist nur mit Büchereiausweis möglich. Kinder unter 18 Jahren benötigen die Unterschrift der Eltern.

2. Bücher können vier Wochen, Spiele, CDs und DVDs zwei Wochen lang ausgeliehen werden.

3. Die Weitergabe von ausgeliehenen Büchern an andere Personen ist nicht zulässig.

Umgang mit Medien

1. Die Medien* sollen pfleglich behandelt werden.

2. Jeder muss sich vor der Ausleihe vom einwandfreien Zustand der Medien überzeugen.

3. Der Verlust oder die Beschädigung von Büchern und anderen Medien ist unverzüglich zu melden. Der Schaden muss ersetzt werden.

1 Warum ist eine Ausleihe nur mit Büchereiausweis möglich?

2 Was bedeutet ein „pfleglicher Umgang mit Medien"?

3 Warum muss man die Medien genau anschauen, bevor man sie ausleiht?

4 Informiert euch über die Büchereiordnung eurer Bücherei.

5 Welche Vorteile und Nachteile von geliehenen Büchern findest du? Notiere in einer Tabelle.

Vorteile	Nachteile
viele Bücher zur Auswahl	nur 4 Wochen Ausleihe
…	…

Mit Sachbüchern arbeiten

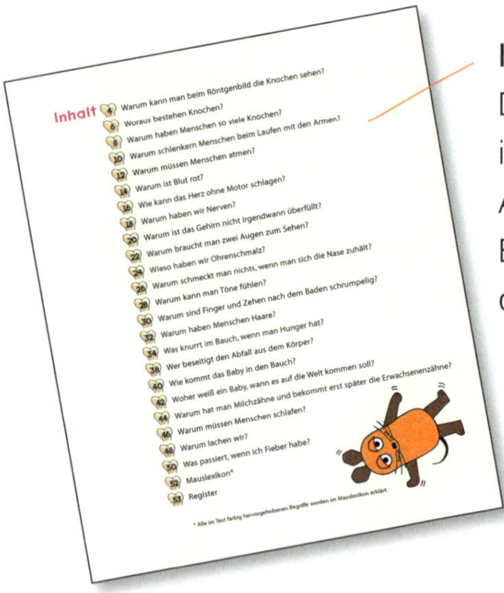

Inhaltsverzeichnis
Das Inhaltsverzeichnis ist in Kapitel aufgeteilt. Alle Themen des Buches findest du hier.

Stichwortverzeichnis
(Register)
Im Stichwortverzeichnis kannst du nach einem bestimmten Wort suchen.

Lexikon
Im Lexikon sind schwierige Wörter erklärt.

Überschrift
Die Überschrift fasst zusammen, worum es im Text geht.

Abbildung
Die Bilder helfen dir den Text besser zu verstehen.

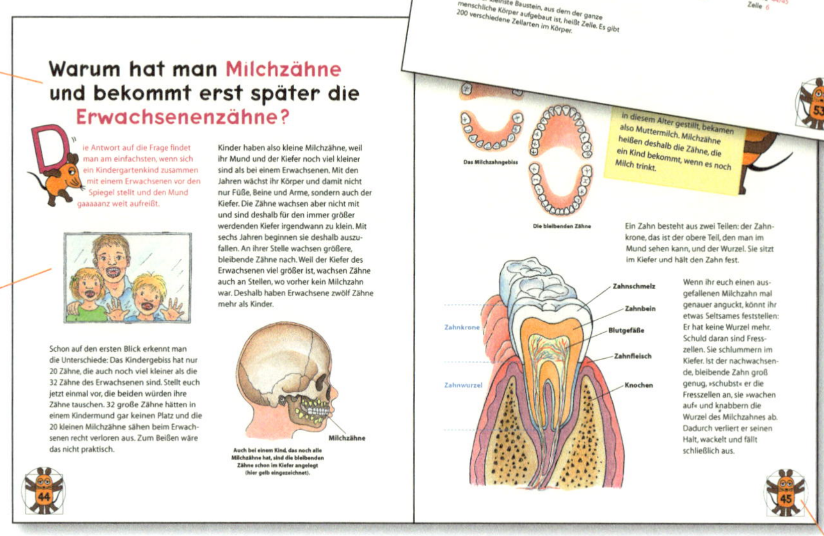

Seitenzahl

1 Bringt Sachbücher mit. Vergleicht sie.

Diese Fragen können dir helfen:

- Macht dich das Titelbild neugierig?
- Hilft dir das Inhaltsverzeichnis?
- Kannst du die Texte gut verstehen?
- Kannst du die Abbildungen und Fotos gut erkennen?
- Hilft dir das Stichwortverzeichnis?
- Erhältst du Tipps, wo du weitere Informationen finden kannst?

Information

Vor über 2000 Jahren schrieb man auf Schriftrollen aus Papyrus. Das Mark der Stängel wurde dafür in Streifen geschnitten, über Kreuz aufeinander gelegt und gepresst. Der dabei austretende Pflanzensaft klebte die Streifen aneinander.

Papyrus-Pflanze

Im Mittelalter* wurden Bücher von Mönchen abgeschrieben. Sie schrieben mit einer Feder und Tinte auf Pergament*, das aus Tierhäuten hergestellt wurde. Für das Abschreiben brauchten die Mönche viel Zeit. Die Texte wurden von den Mönchen auch verziert.

handgeschriebenes Buch

1450 erfand Johannes Gutenberg* den Buchdruck. Einzelne Buchstaben aus Metall wurden in einem Rahmen zusammengefügt und mit Farbe bestrichen. In einer Presse wurden sie auf Papier gedruckt. Buchstaben und Rahmen konnten immer wieder verwendet werden. Als erstes wurde die Bibel gedruckt.

gedrucktes Buch

1 Findet zu jedem Textabschnitt eine Überschrift. Begründet.

Eine Schriftrolle herstellen

Du brauchst:
1 Blatt Papier, 2 Holzstäbchen, Klebeband, 1 Band

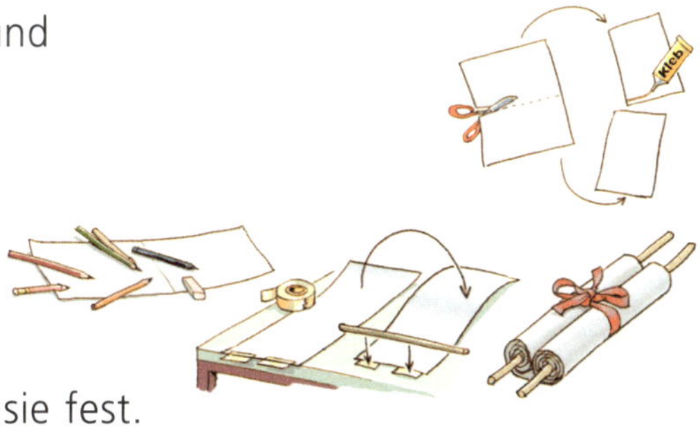

① Teile das Papier und klebe die Hälften mit den schmalen Seiten aneinander.
② Klebe die Holzstäbchen an die Enden des Papierstreifens.
③ Rolle deine Schriftrolle zusammen und binde sie fest.

Gesund und fit

Gut für dich – schlecht für dich?

1 Was ist gut für dich, was ist schlecht für dich? Diskutiert über die Situationen in der Klasse.

2 Notiert zu jeder Situation verschiedene Meinungen.

Eis essen ist gut, wenn	Eis essen ist schlecht, wenn
…	…

3 Ergänzt weitere Situationen.

Ein Fitness-Tag in der Klasse

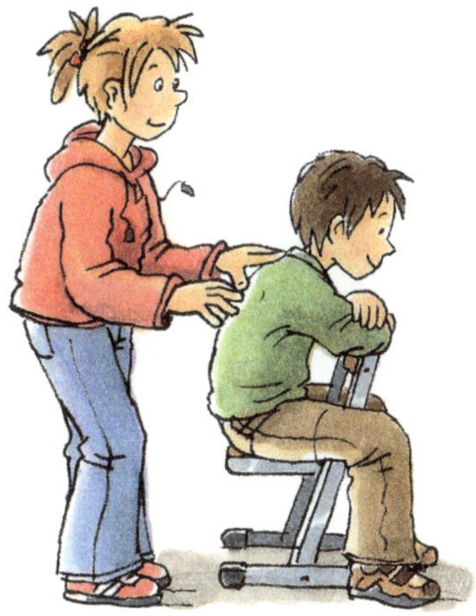

Partnermassage

Pizza backen

- Teig kneten
- Mehl ausstreuen
- Teig ausrollen
- Tomatensoße verstreichen
- Belag verteilen

Entspannen und meditieren

- sich gerade und bequem hinsetzen
- Hände auf die Oberschenkel legen
- Augen schließen
- an einen Ort denken, an dem man gerne ist
- der Musik ruhig lauschen
- sich vorstellen, man sei an diesem Ort

Vitamin-Cocktail

- Den Vitamin*-Cocktail mixen

Fitness-Training

- 5 Minuten joggen
- 2 Minuten gehen
- 3-mal wiederholen

Information

Eine ausgewogene Ernährung ist wichtig, um gesund und fit zu bleiben. Dazu gehören vor allem Obst und Gemüse. Beides enthält viele Vitamine*. Vitamin C stärkt die Abwehrkräfte deines Körpers. Er ist dann besser gegen Viren* und Bakterien* geschützt.

Ein Punkt steht für 10 Milligramm Vitamin C in 100 Gramm Obst und Gemüse.

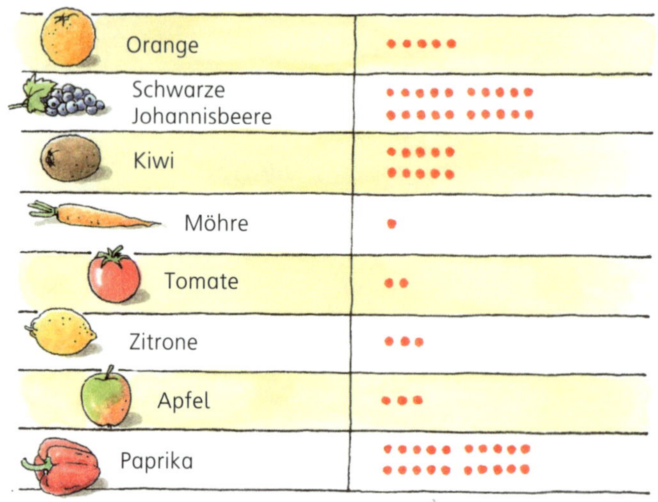

Diagramm*: Vitamin-C-Gehalt in Obst und Gemüse

1 Vergleicht den Vitamin-C-Gehalt der verschiedenen Obst- und Gemüsesorten.

2 Informiere dich über den Vitamin-C-Gehalt in anderen Lebensmitteln.

Schultaschen Test

① Wiege deine Schultasche.
② Packe aus, was du heute nicht brauchst.
③ Wiege deine Schultasche erneut.
④ Prüfe, ob du deine Schultasche richtig trägst.
⑤ Bekommst du die Quiesel-Schultaschen-Plakette?

Die Schultasche richtig tragen

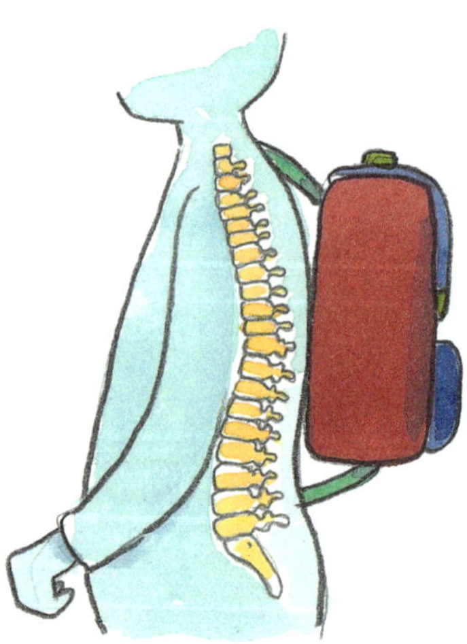

Seitliches Tragen führt zu einer Krümmung der Wirbelsäule.

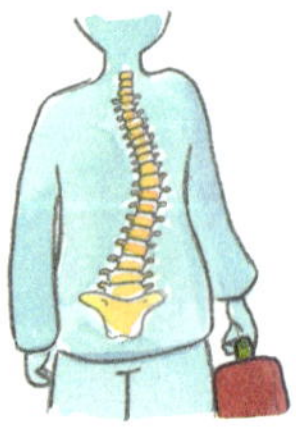

Eine zu schwere Schultasche führt zu einem Hohlkreuz.

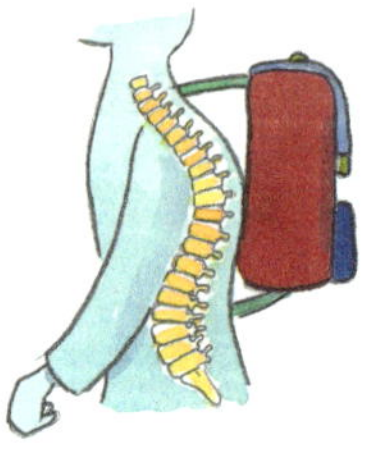

Zu lange Riemen führen zu einem Hohlrücken.

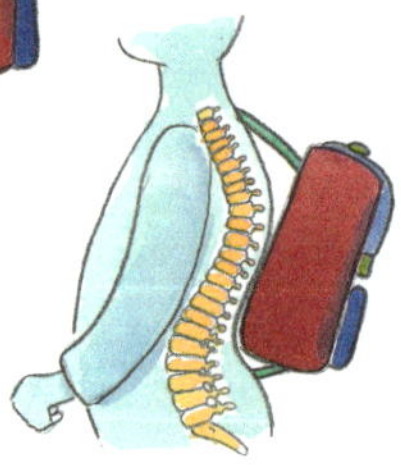

Krank sein

Julian war heute nicht in der Schule, denn er ist krank. Er hat Husten, Schnupfen und Halsschmerzen. Seine Mutter meint, dass er eine Infektion* hat. Bei einer Infektion vermehren sich Viren* oder Bakterien* im Körper und schwächen ihn dadurch. Man bekommt dabei häufig Fieber. Unser Körper braucht dann viel Ruhe, daher muss man mit Fieber im Bett bleiben. Manchmal schafft es unser Körper nicht, allein wieder gesund zu werden. Deshalb muss man zum Arzt gehen und bekommt Medikamente verschrieben.

1 Wann warst du das letzte Mal krank? Erzähle.

2 Wie kann man sich beschäftigen, wenn man krank ist?

3 Was könnt ihr für eure Mitschüler tun, wenn sie krank sind?

Gesundheitstipps

4 Welche Gesundheitstipps beachten die Kinder?

5 Sammelt Gesundheitstipps und gestaltet ein Plakat.

Schnelle Hilfe

Ein Finger, der eingeklemmt war, sollte sofort und über mehrere Minuten gekühlt werden. Dazu kann man kaltes Wasser, Eiswürfel oder einen Kühlpack benutzen.

In Schnitt- und Schürfwunden darf kein Schmutz gelangen. Sie werden mit einem Pflaster oder einem Verband abgedeckt.
Zeige jede Wunde einem Erwachsenen.

Bei Nasenbluten sollte man den Kopf nach vorne legen und den Nacken kühlen. Passiert es häufiger, sollte man zum Arzt gehen.

Insektenstiche kann man mit Eiswürfeln kühlen oder mit Zwiebelscheiben einreiben. Manche Menschen reagieren allergisch* auf Insektenstiche.
Sie müssen sofort zum Arzt gehen.

1 Sprecht über die Situationen.

2 Wie kann man Unfälle vermeiden?

3 Gestaltet ein Buch mit Tipps zur schnellen Hilfe.

Notruf 112

Wenn kein Erwachsener da ist und du bei einem Notfall Hilfe brauchst, musst du die Notrufnummer wählen.

Mache dabei folgende Angaben:
Wer ruft an?
Was ist geschehen?
Wo ist es passiert?
Wie viele Personen sind verletzt?
Welche Verletzungen gibt es?
Warte auf Rückfragen.

Sprече mit dem Verletzten und beruhige ihn.

1 Übt den Notruf im Rollenspiel.

2 Überlegt, was man in einer Notsituation noch tun kann.

Ein Pflaster richtig aufkleben

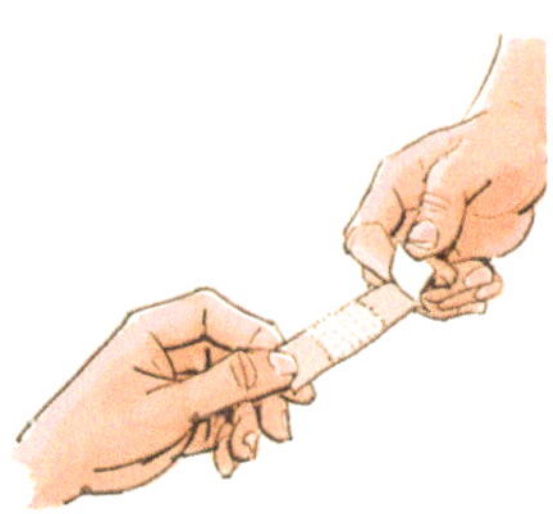

Schutzfolie abziehen. Wundauflage aus Mull nicht berühren.

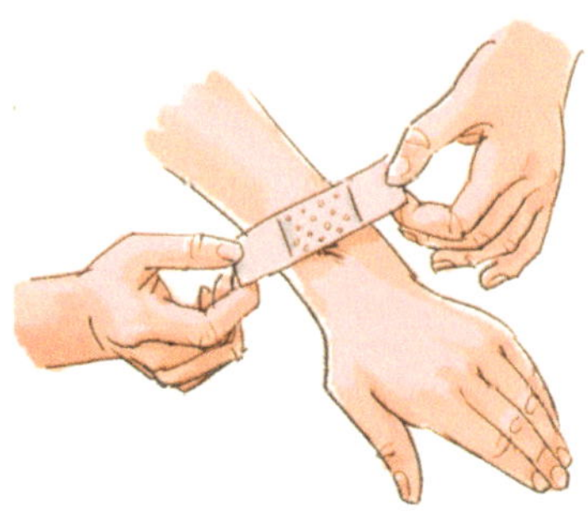

Pflaster nur an den Rändern anfassen. Wunde nicht berühren.

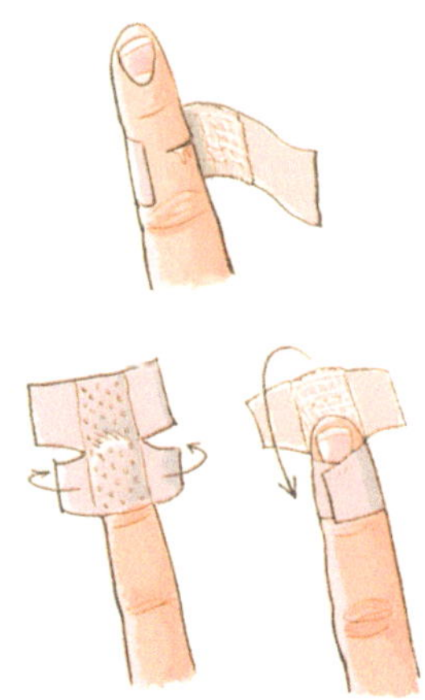

Pflaster so auflegen, dass die Mullauflage die Wunde bedeckt.

3 Übt das Aufkleben von Pflastern an verschiedenen Stellen.

4 Wann musst du mit einer Wunde zum Arzt gehen?

Tiere im Winter

Wo sind die Tiere im Winter?

① Auf der Suche nach Futter durchstreift das Tier mit seinem Rudel den Wald. Ein dickes Winterfell schützt es vor der Kälte. Im Herbst hat es sich Winterspeck angefressen. Dieser dient als Reserve, wenn es nicht genügend Nahrung gibt.

② Zusammen mit seiner Familie schläft das Tier fast den ganzen Winter in seinem Erdbau. Es hat sich im Herbst dicke Fettpolster angefressen, die nun aufgebraucht werden. Manchmal wacht es zwischendurch auf und sucht etwas zum Fressen. Danach schläft es weiter.

③ Mit vielen Artgenossen zusammen hängt das Tier kopfüber in einer frostsicheren Höhle und schläft bis zum Frühling. Vor Beginn des Winters hat es sich eine dicke Fettschicht angelegt. Deshalb braucht es während des Schlafens nichts zu Fressen.

④ Als es kälter wurde, hat sich das Tier in ein Erdloch verkrochen. Bei niedrigen Temperaturen wird es starr. Im Herbst hat es sehr viel gefressen, um Fettpolster für den Winter zu bekommen.

1 Wo verbringen diese Tiere den Winter? Ordne den Tieren Dachs, Erdkröte, Fledermaus und Reh die Winterquartiere **A, B, C, D** und die Texte ①, ②, ③, ④ zu.

2 Welches Tier verkriecht sich bei **E**?

3 Schreibe einen Informationstext zu diesem Tier.

Information

So überleben Tiere den Winter

Winterschlaf
Winterschläfer schlafen oft mehrere Monate. Ihre Atmung und ihr Herzschlag sind sehr langsam und ihr Körper kann bis auf 1 °C abkühlen. Sie verbrauchen dann sehr wenig Energie*. Im Herbst fressen sie sich eine Fettschicht an und bekommen ein dickes Fell.

Winterruhe
Tiere in Winterruhe schlafen sehr viel, manchmal mehrere Tage. Ihre Körperfunktionen sind etwas verlangsamt und ihre Körpertemperatur sinkt einige Grad ab. Wenn sie wach sind, fressen sie. Trotzdem benötigen sie zusätzliche Fettreserven.

Kältestarre
Wenn es kalt wird, fallen wechselwarme* Tiere in eine Kältestarre. Sie kühlen ab, weil ihr Körper seine Temperatur nicht selbst reguliert, er nimmt die Temperatur der Umgebung an. Ihre Körperfunktionen sind dadurch stark verlangsamt. Um zu überleben benötigen sie Fettreserven.

Winteraktivität
Tiere, die im Winter aktiv sind, müssen ihre Ernährung auf das Futterangebot im Winter umstellen. Zusätzlich fressen auch sie sich Fettreserven für Zeiten mit wenig Futter an. Gegen Kälte schützen sie ihr Winterfell oder ihr Wintergefieder und eine Speckschicht.

1 Stellt die Informationen aus den Texten in einer Tabelle zusammen.

Überwinterung	Körpermerkmale	Nahrungsaufnahme	Tiere
...	...	...	...

Information

Igel

Tierklasse: Säugetiere
Ordnung: Insektenfresser
Größe: etwa 25 cm
Gewicht: etwa 1 bis 1,5 kg
Fortpflanzung: etwa 8 Junge im Juni bis August
Nahrung: Larven* von Schmetterlingen, Regenwürmer, Schnecken, Hundert- und Tausendfüßer, Spinnen
Lebensweise: dämmerungs- und nachtaktiv, im Herbst häufig ganztags aktiv
Überwinterung: Winterschläfer mit Quartier aus Laub, Ästen und anderen Materialien

1 Warum ist der Igel ein Winterschläfer?

2 Wie alt sind Igeljunge im November?

Tipps zur Igelhilfe im Herbst

- ✓ Laub im Garten liegen lassen.
- ✓ Kellerschächte abdecken.
- ✓ Ausstiegshilfe in Gartenteiche legen.
- ✓ Auf Igel im Straßenverkehr achten.
- ✓ Füttern vor oder nach dem Winterschlaf mit Trocken- oder Weichfutter für Hunde. Kein Obst, Gemüse und Milch füttern.

Igel überwintern im Freien artgerechter* als im Haus!

Eine Igelburg bauen

① Eine etwa 50 x 50 cm große Beton- oder Steinplatte auf den Boden legen.
② Die Wände der Burg aus Steinen stellen.
③ Einen 10 cm breiten Eingang an der wind- und regengeschützten Seite frei lassen.
④ Den Innenraum mit trockenem Laub oder Stroh füllen.
⑤ Eine zweite Platte als Dach verwenden.
⑥ Gras, Heu oder kleine Äste zur Isolierung darauf legen.

3 Informiere dich, wie man anderen Tieren beim Überwintern helfen kann.

4 Legt eine Igelburg an und beobachtet.

Vögel in unseren Gärten

Einige Vögel leben das ganze Jahr über bei uns.
Im Winter bei Kälte müssen sie sehr viel fressen, um ihre Körpertemperatur von etwa 40 °C beizubehalten. Bei Frost und Schnee finden sie kaum Futter. Deshalb werden sie von vielen Menschen gefüttert.

Für Vögel, die Körnerfresser sind, eignen sich z. B. Sonnenblumenkerne.

Für Weichfresser eignen sich Beeren, Rosinen, Haferflocken oder Obst.

1 Beschreibe das Aussehen von drei Vögeln.

2 Notiere die Namen von Körnerfressern und Weichfressern in einer Tabelle.

3 Sprecht über die Regeln zur Vogelfütterung.

Wer Vögel im Winter füttert, muss einige wichtige Regeln beachten:

Tipps zur Vogelfütterung im Winter

- ✓ Wenn füttern, dann regelmäßig.
- ✓ Nur so viel Futter auslegen, wie die Vögel an einem Tag fressen können.
- ✓ Futter so platzieren, dass die Vögel nicht darin herumlaufen.
- ✓ Futterplätze sollten mindestens 2 m entfernt von großen Fensterscheiben sein.
- ✓ Futterplätze sicher vor Katzen anlegen.

Fettfutter zur Winterfütterung

Das Futter darfst du nur gemeinsam mit einem Erwachsenen herstellen.

Du brauchst:
- Topf
- Löffel
- 500 g Schweineschmalz
- 500 g Vogelfuttermischung
- 500 g Haferflocken

Das musst du tun:

① Das Schmalz im Topf bei schwacher Hitze schmelzen.
② Die festen Zutaten in einer Schüssel vermischen.
③ Das geschmolzene Fett zur Mischung geben und gut verrühren.

Eine Futterglocke bauen

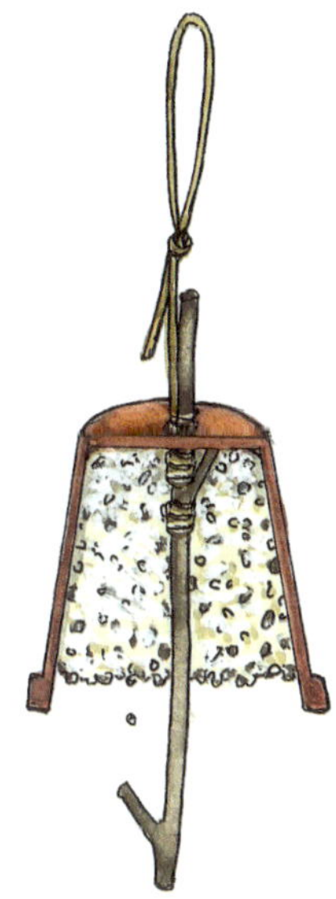

Du brauchst:
- Blumentopf
- Ast mit einer Astgabel, der durch das Loch im Blumentopf passt
- Seil zum Befestigen der Futterglocke
- selbst hergestelltes Fettfutter

Das musst du tun:

① Befestige das Seil am Ast unterhalb der Astgabel.
② Platziere den Ast wie in der Zeichnung im Blumentopf.
③ Drücke das Fettfutter in den Blumentopf. Achte darauf, dass der Ast in der Mitte des Topfes bleibt.

Meisenknödel herstellen

Du brauchst:
- feinmaschige Netze von Zwiebeln oder Nüssen
- Seil zum Befestigen der Knödel
- selbst hergestelltes Fettfutter

Das musst du tun:

① Forme Knödel aus dem Fettfutter.
② Lege einen Knödel in ein Netz.
③ Verschließe das Netz mit dem Seil.

Ein Plakat gestalten

① **Die Fledermaus**

②

③

Fledermäuse

Tier-Klasse: Säugetiere
Unterklasse: Höhere Säugetiere
Ordnung: Fledertiere

Vorkommen: etwa 900 arten
Verbreitung: auf allen Erdteilen außer der Antarktis
Größe: 3 cm bis 14 cm
Spannweite: bis zu 60 cm
Gewicht: 2 g bis 200 g
Behaarung: seidiges Fell, grau bis braun
Ernährung: hauptsächlich Insekten; große Fledermäuse fressen auch kleine Nagetiere, Vögel oder Fische
Lebensweise: nachtaktiv

④

- Braunes Langohr
- Graues Langohr
- Große Hufeisennase
- Großer Abendsegler
- Kleine Hufeisennase
- Kleiner Abendsegler
- Kleines Mausohr
- Zwergfledermaus

⑥ **Fledermäuse stehen unter Naturschutz**

⑤

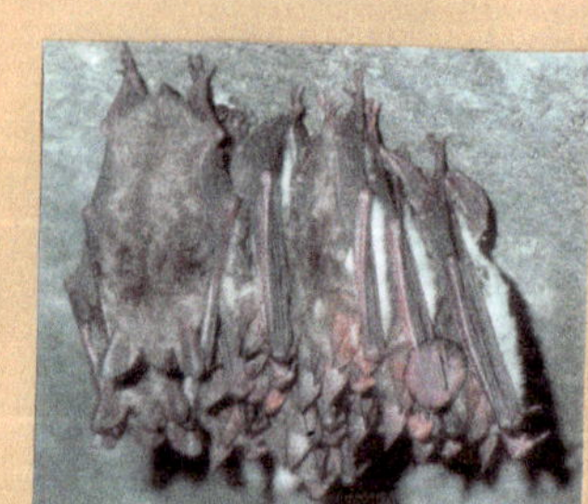

⑦ Fledermäuse im Winterquartier

① **Wie Fledermäuse überwintern**

⑥ Die bei uns heimischen Fledermausarten ernähren sich fast ausschließlich von Insekten. Im Winter finden sie also keine Nahrung.
Sie halten Winterschlaf in der freien Natur in Höhlen. In Häusern kann man sie auch in Kellern oder in Dachstühlen finden.
In Gruppen hängen sie, den Kopf nach unten, dicht gedrängt an den Decken.

① **Wie Fledermäuse sich im Dunkeln orientieren**

⑥ Fledermäuse besitzen ein Echoortungssystem.
Sie senden Ultraschallwellen aus, die auf die Dinge in der Umgebung treffen und von diesen wieder zurückkommen. Die Fledermaus kann diese zurückkommenden Ultraschallwellen orten und weiß daher genau, welche Dinge sich in ihrer Umgebung befinden. Damit kann sie auch Insekten orten.

1 **Überschrift:**
Ein Plakat braucht eine große Überschrift, die man von Weitem lesen kann. Sie sagt aus, worüber man auf dem Plakat Informationen findet.

2 **Skizzen, Zeichnungen:**
Skizzen oder Zeichnungen können Informationen vermitteln. Sie sollten nur die wichtigen Merkmale von Dingen oder Lebewesen zeigen. Die Beschriftungen geben die Namen für die abgebildeten Teile an.

3 **Steckbrief:**
Ein Steckbrief wird in Stichworten geschrieben. Sie müssen so ausgewählt werden, dass sie dem Leser viele Informationen zum Thema übermitteln. Zur besseren Übersicht werden die Informationen in verschiedene Unterpunkte unterteilt.

4 **Listen:**
Listen können Informationen aufzählen.
Sie enthalten kurze Sätze, Stichworte oder Namen.

5 **Fotos:**
Fotos zeigen, wie etwas in Wirklichkeit aussieht, darauf kann man Dinge oder Lebewesen betrachten, ohne ihnen gegenüber zu stehen. Auf Fotos sind aber manchmal auch noch andere Dinge zu sehen, die nicht zum Thema gehören.

6 **Texte:**
Texte geben Informationen über einen bestimmten Inhalt. Ein Text sollte eine passende Überschrift haben, die dem Leser sagt, worum es in dem Text geht. Die Schrift muss gut zu lesen sein. Verzierungen lenken vom Inhalt des Textes ab. Man kann Texte mit dem Computer gestalten. Wichtige Wörter kann man zum Beispiel in dicker Schrift oder in einer anderen Farbe schreiben.

7 **Bildunterschrift:**
Bildunterschriften erklären, was auf Skizzen, Zeichnungen oder Fotos zu sehen ist.

Miteinander leben

1 Erzählt zu dem Bild.

2 Welche Gefühle könnten die Kinder auf dem Bild haben? Sprecht darüber.

3 Welche Gefühle kennst du?

4 Veranstaltet nach der nächsten Pause eine Gefühlsrunde.

Regeln für eine Gefühlsrunde

① Jedes Kind wählt eine Gefühlskarte für sich aus.
② Wie ist die Stimmung in eurer Klasse? Sprecht darüber.
③ Wer möchte, kann über seine Gefühle reden.

Ich habe ein schlechtes Gefühl.

Ich habe ein gutes Gefühl.

Ich möchte mein Gefühl nicht mitteilen.

Was machst du, wenn …

①

②

③

④

1 Sucht euch eine Situation aus. Überlegt, wie es weitergehen könnte.

2 Plant ein Rollenspiel und übt es ein.

3 Führt euer Rollenspiel der Klasse vor.
Die anderen Kinder führen die Beobachtungsaufträge durch:

Name:
Situation:

1 Welche Gefühle der Spieler erkennst du? Male passende Gefühlsgesichter.

2 Wie findest du das Ende der Geschichte?

Notiere:
[+] finde ich gut
[−] finde ich schlecht

Bela

Mädchen/Jungen fangen

1 ☺ Kira ☺ Joel ☺ Noah ☺ Muriel
☹ Joel

2 [+]

Freude oder Wut oder ...

1 Ordne die Sätze den Gefühlen zu.
Lege eine Tabelle an.

Freude	Wut
	Ich könnte platzen.

2 Vergleicht eure Tabellen.

3 Was machst du, wenn du wütend bist?
Was machst du, wenn du dich freust?

Wohin mit der Wut?

Lauf deine Wut weg.

Atme tief durch und zähle bis zehn.

Schreibe über deine Wut auf einen Zettel, zerknülle ihn und wirf ihn weg.

Erzähle einem Freund von deiner Wut.

4 Sprecht über die Wut-Tipps.

5 Schreibe deinen Wut-Tipp auf.

6 Sammelt eure Tipps und stellt sie in der Klasse vor.

Ich bin ich

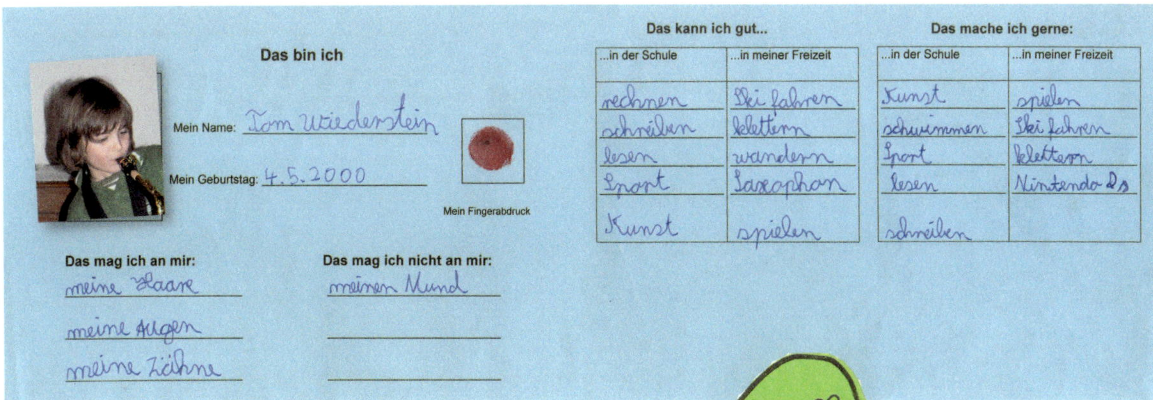

Das bin ich

Mein Name: Tom Wiederstein

Mein Geburtstag: 4.5.2000

Mein Fingerabdruck

Das mag ich an mir:
meine Haare
meine Augen
meine Zähne

Das mag ich nicht an mir:
meinen Mund

Das kann ich gut... ...in der Schule	...in meiner Freizeit	Das mache ich gerne: ...in der Schule	...in meiner Freizeit
rechnen	Ski fahren	Kunst	spielen
schreiben	klettern	schwimmen	Ski fahren
lesen	wandern	Sport	klettern
Sport	Saxophon	lesen	Nintendo Ds
Kunst	spielen	schreiben	

1 Was erfährst du über Tom? Erzähle.

2 Gestalte einen Steckbrief über dich.

3 Was finden andere gut an dir?
Sammle in deiner Hand.

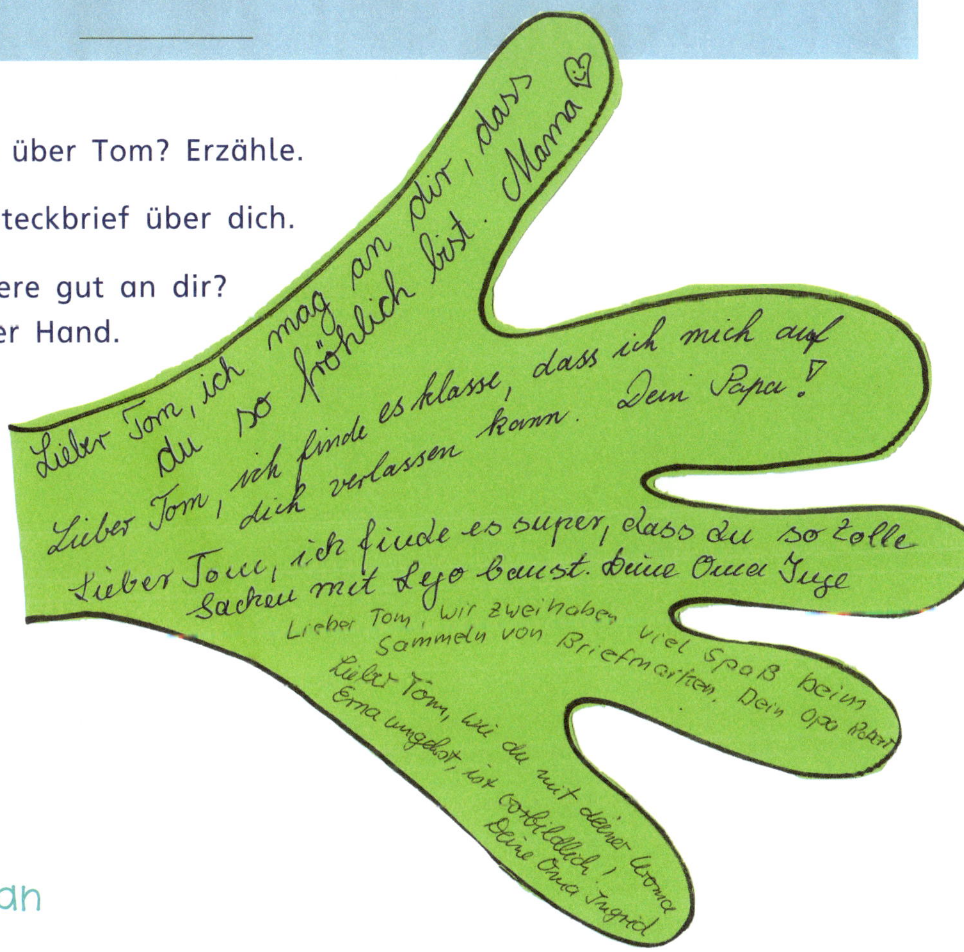

Mein Zielplan

Meine Ziele	Wie kann ich mein Ziel erreichen?	Wer oder was kann mir dabei helfen?
Das 1 x 1 können.	Täglich eine Reihe üben.	Mein Freund kann mich abfragen.
...	...	...

4 Sprecht über Toms Zielplan.

5 Wie sieht dein eigener Zielplan aus?

Du-Botschaften und Ich-Botschaften

1 Vergleiche die Aussagen der Kinder. Was fällt dir auf?

Information

Du-Botschaft

In einem Streit machst du mit einer **Du-Botschaft** anderen Menschen Vorwürfe, beleidigst oder verletzt sie. Du urteilst über andere. Mit einer Du-Botschaft kannst du auch loben.

Ich-Botschaft

In einer **Ich-Botschaft** sagst du etwas über dich. Du teilst anderen Menschen deine Gefühle mit. Du urteilst dabei nicht über andere.

2 Überlege dir Ich- und Du-Botschaften für die beiden Bilder.

3 Überlege dir Entschuldigungen für die beiden Situationen.

„Nein“ sagen

1 Erzähle zu den Gefühlen der Kinder.

2 Was kann man tun, wenn man etwas nicht möchte? Sprecht darüber.

Nein sagen

„Nein“ sagen muss nicht frech sein.
„Nein“ sagen bedeutet deine Meinung sagen.
„Nein“ sagen heißt, dass du etwas nicht möchtest.
„Nein“ sagen kannst du zu Berührungen, die du nicht magst.

3 Sprecht über Situationen, in denen ihr schon einmal „Nein“ gesagt habt.

Information

Es gibt Menschen und Organisationen, die Kindern bei Sorgen und Problemen helfen.

Nummer gegen Kummer: 0800 111 0 333
www.kidkit.de

Experiment

Was passiert mit den nassen Handabdrücken?

Ihr braucht:
eure Tafel, die sauber und trocken sein muss, Wasser

Das müsst ihr tun:

① Macht eure Hände nass.
② Drückt die nassen Hände auf die Tafel.
③ Vermutet, was mit den Handabdrücken geschehen wird.
④ Beobachtet, was mit den Handabdrücken geschieht.
⑤ Versucht eure Beobachtung zu erklären.
⑥ Wo könnt ihr etwas Ähnliches beobachten? Berichtet.

Was geschieht mit dem Wasser?

Ihr braucht:
Esslöffel, 4 Suppenteller,
Frischhaltefolie

Experiment 1

Das müsst ihr tun:

① Gebt in 2 Teller jeweils 5 Esslöffel Wasser.
② Spannt über einen Teller Frischhaltefolie so, dass er verschlossen ist.
③ Stellt beide Teller an einem warmen Ort auf, z. B. in der Nähe der Heizung.
④ Vermutet, was mit dem Wasser in den Tellern geschehen wird.
⑤ Beobachtet das Experiment über mehrere Tage.
⑥ Versucht, eure Beobachtungen zu erklären.
⑦ Wo könnt ihr Ähnliches beobachten? Berichtet.

Experiment 2

Das müsst ihr tun:

① Gebt in 2 Teller jeweils 5 Esslöffel Wasser.
② Stellt einen der beiden Teller an einem warmen, den anderen an einem kühlen Ort auf.
③ Vermutet, was mit dem Wasser in den Tellern geschehen wird.
④ Beobachtet das Experiment über mehrere Tage.
⑤ Versucht, eure Beobachtungen zu erklären.

Der Wasserkreislauf

Wenn sich Wasser so in der Luft verteilt, dass man es nicht mehr sehen kann, nennt man das verdunsten. Dabei entsteht Wasserdampf.

1 An welchen Stellen verdunstet Wasser?

Wenn Wasserdampf sich abkühlt, entstehen Wassertröpfchen.
Man nennt diesen Vorgang kondensieren*.
Sehr kleine Wassertröpfchen können in der Luft schweben.

2 An welchen Stellen kondensiert Wasserdampf?

Kleine Wassertröpfchen können zu größeren Wassertropfen zusammenfließen.
Diese können nicht mehr in der Luft schweben und fallen als Regen zur Erde.
Das Wasser sammelt sich als Oberflächenwasser* oder versickert im Boden.

Wasser kann sich in Erdschichten ansammeln, die mehrere Hundert Meter tief unter der Erdoberfläche sind.
Man nennt dieses Wasser Grundwasser*.

3 Was geschieht mit dem Wasser, das als Regen zur Erde fällt? Beschreibe.

Experiment

Eine Quelle entsteht

Du brauchst:
- 1 leere Kunststoffflasche
- Schere
- Messer
- Sand, Humus, Torf, feinen Kies
- 2 Stangen Knete oder Ton

Das musst du tun:
① Schneide den Hals der Flasche ab.
② Bohre mit der Schere mehrere Löcher übereinander in die Flasche.
③ Fülle die Flasche in Schichten, so wie du es in der Abbildung sehen kannst.
④ Fülle langsam Wasser auf die oberste Schicht.
⑤ Beobachte, was geschieht. Verfolge den Weg des Wassers.
⑥ Fertige eine Zeichnung von dem Experiment an und beschrifte sie.

Wie gelangt das Wasser in die oberen Stockwerke?

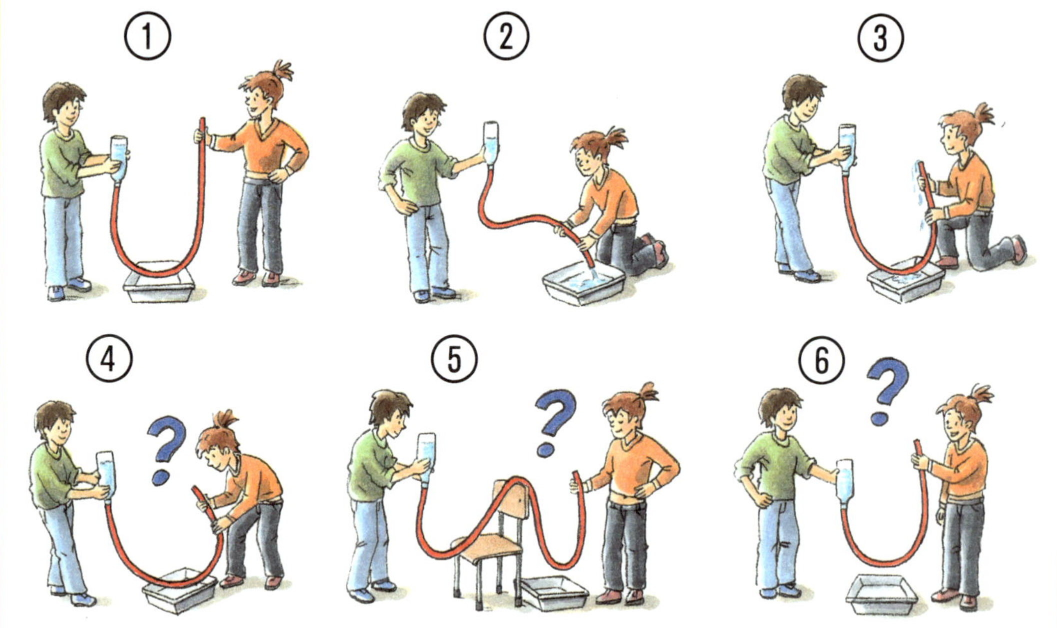

① Beschreibe die Experimente 1 bis 3.
② Wann fließt Wasser aus dem Schlauch?
③ Wie könnten die Experimente 4 bis 6 ausgehen?
Diskutiert eure Vorschläge und überprüft sie.

Wasserversorgung

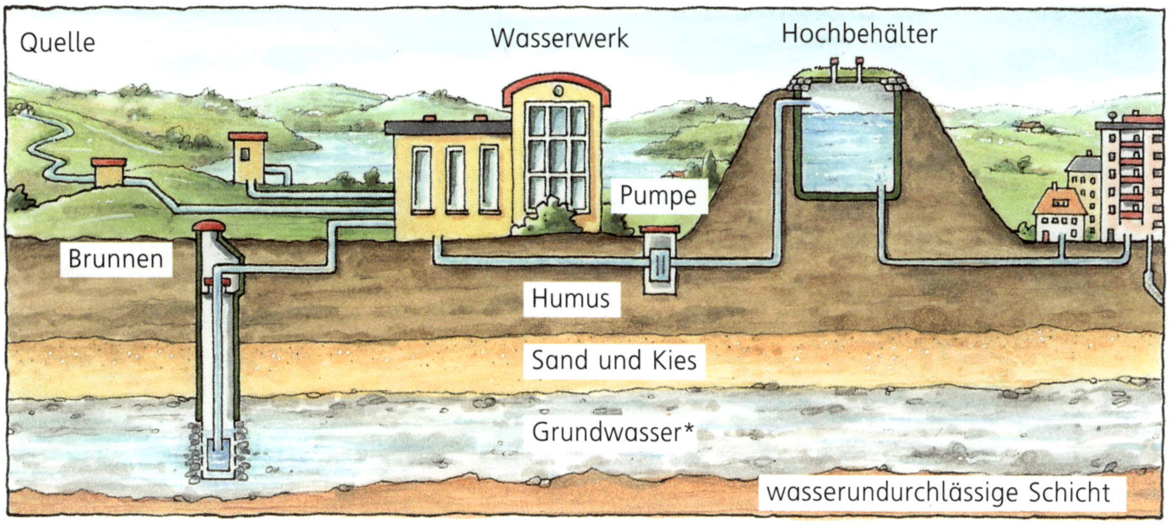

1 Beschreibe, wie das Trinkwasser in die Häuser kommt.

2 Woher kommt das Trinkwasser in deiner Schule?

Trinkwasserverwendung

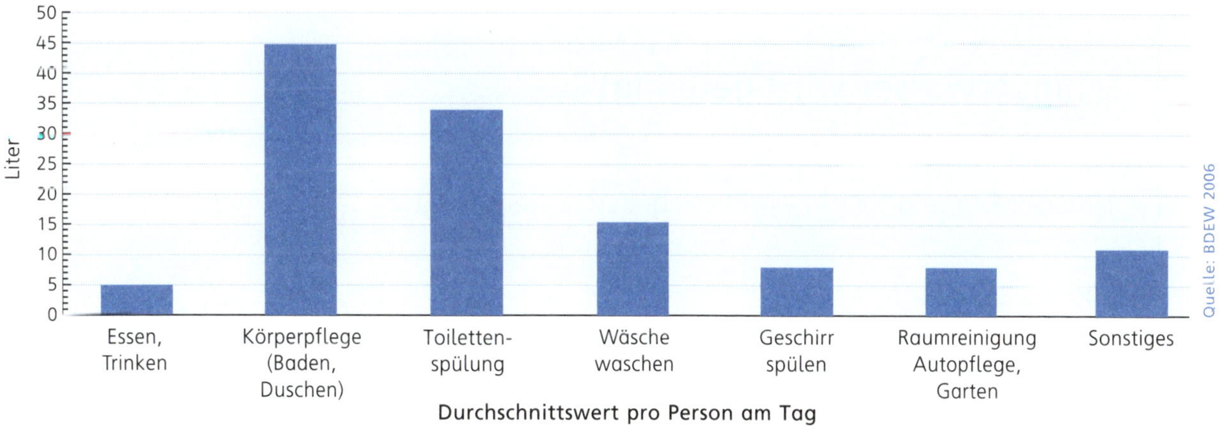

3 Was wird in dem Diagramm* dargestellt?

4 Erstelle eine Tabelle zur Trinkwasserverwendung.
Nutze die Informationen aus dem Diagramm.

5 Notiere, wozu du täglich Wasser benötigst.

Zweck	Durchschnittlicher Verbrauch pro Person am Tag
Essen und Trinken	5 Liter

Experiment

Wasser wird schmutzig

Ihr braucht:
- leeres Marmeladenglas
- Esslöffel
- Erde, Sand, kleine Holzstücke, Laub, Toilettenpapierschnitzel
- Wasser

Das müsst ihr tun:

① Füllt das Glas etwas mehr als zur Hälfte mit Wasser.

② Gebt einen Esslöffel Erde und Sand ins Wasser und rührt um.

③ Gebt kleine Holzstücke, klein gerupftes Laub und Toilettenpapierschnitzel dazu und rührt um.

④ Beschreibt das Schmutzwasser.

⑤ Wobei entsteht verschmutztes Wasser und welche Verschmutzungen enthält es? Sammelt in einer Tabelle.

Verwendungszweck	Verschmutzung
Hände waschen	Seife, Dreck

Schmutzwasser wird gereinigt

Ihr braucht:

2 leere Marmeladengläser, Teesieb, selbst hergestelltes Schmutzwasser

Das müsst ihr tun:

① Informiert euch, wie Schmutzwasser in einer Kläranlage gereinigt wird. Auf Seite 63 findet ihr einen Informationstext darüber.

② Welche der Reinigungsschritte könnt ihr im Experiment nachmachen? Plant und probiert aus.

③ Notiert die einzelnen Schritte eures Experimentes und eure Beobachtungen.

Information

Wasserreinigung in einer Kläranlage

Verschmutztes Wasser wird durch Abwasserrohre und -kanäle zur Kläranlage geleitet. Dort durchläuft es die einzelnen Becken und wird dabei gereinigt.

① Das Abwasser fließt als erstes durch den Rechen. Dabei werden grobe Verunreinigungen wie Äste, Plastiktüten, Flaschen und anderes zurückgehalten und herausgeholt.
② Im Sandfang setzen sich Sand und Kies am Boden ab.
③ Im Vorklärbecken steht das Wasser einige Zeit und fließt nicht weiter. Dabei sammeln sich Schmutzteilchen, die leichter als Wasser sind an der Oberfläche, Schmutzteilchen, die schwerer als Wasser sind, sammeln sich am Boden des Beckens.
④ Im Belüftungsbecken werden Schmutzstoffe entfernt, die von Bakterien* aufgenommen und zersetzt werden können. Das Becken heißt so, da für diesen Vorgang ständig Luft ins Wasser geblasen wird. Bei der Zersetzung der Schmutzstoffe entsteht Klärschlamm.
⑤ Im Nachklärbecken steht das Wasser wieder einige Zeit. Der Klärschlamm sinkt auf den Boden und wird von dort entfernt.

Das gereinigte Wasser wird in Flüsse und Seen geleitet und gelangt so wieder in den Wasserkreislauf.

1 Welche Verschmutzungen werden in den einzelnen Becken der Kläranlage entfernt?

2 Erkundigt euch, wo das Abwasser eurer Schule geklärt wird.

Wasser ist kostbar

Wasser ist ein kostbares Gut.
Seine Aufbereitung ist aufwändig, benötigt Energie* und kostet viel.
Auch die Reinigung von gebrauchtem, verschmutztem Wasser in Kläranlagen ist aufwändig und teuer.

1 **Überlege, wie man in den Situationen sparsam mit Wasser umgehen kann.**

2 **Sammelt Tipps zum Wassersparen in eurer Klasse.**

Wasser schützen

Grundwasser* muss man schützen.
Es dürfen keine Verunreinigungen wie zum Beispiel Öl oder Düngemittel durch den Boden in das Grundwasser versickern.
Deshalb sind Gebiete, in denen Grundwasser abgepumpt wird, Wasserschutzgebiete.
Dort gelten besondere Vorschriften für die Landwirtschaft oder den Straßenbau.

3 **Worauf muss man achten, wenn man dieses Zeichen sieht?**

4 **Erkunde, ob es in deiner Umgebung ein Wasserschutzgebiet gibt.**

Information

Wasserkraft nutzen

Früher wurden mit Wassermühlen die Mahlsteine von Getreidemühlen angetrieben. Auch in Sägewerken nutzte man die Wasserkraft, um Maschinen anzutreiben.

Heute gibt es Wasserkraftwerke. Sie liefern elektrischen Strom. Das Wasser wird vor den Kraftwerken durch eine Staumauer gestaut. Durch einen Ablauf fließt das Wasser aus dem Stausee nach unten durch die Turbinen*. Diese drehen sich und treiben den Generator* an.

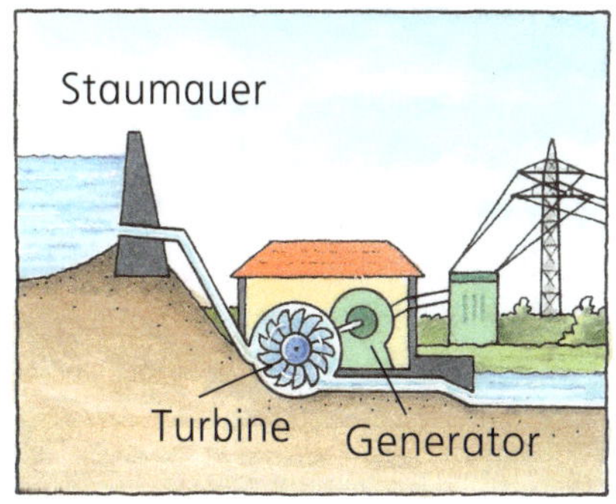

1 Wo findet man alte Mühlen?

2 Erkundige dich, wo es Wasserkraftwerke gibt.

Experiment

Ein Wasserrad bauen

Du brauchst:
- Messer, Schere, Handbohrer
- 1 Flaschenkorken, 1 Schaschlikspieß
- 1 leeren Joghurtbecher
- 1 leeren Margarinebecher

Das musst du tun:

① Baue ein Wasserrad wie auf den Abbildungen gezeigt.

② Probiere dein Wasserrad aus.

③ Wann läuft das Rad langsam, wann läuft es schnell?

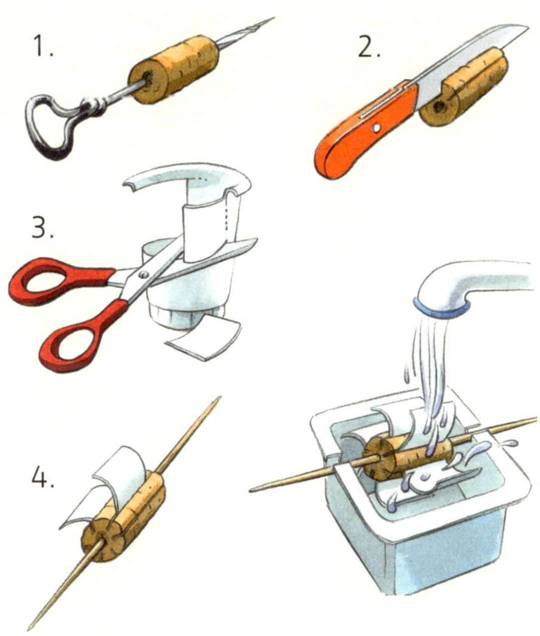

www.quiesel.de

E-Mail

1 Warum schreiben Kira und Jesko eine E-Mail?

2 Was bedeuten die Begriffe: scannen* – Anhang* – Homepage*?
Schaut im Lexikon nach.

3 Was muss Jesko machen, damit die E-mail bei der Klasse 3b ankommt?

4 Mit welcher Schule hättet ihr gern eine E-Mail-Partnerschaft?

Information

E-Mail

Nachrichten oder Briefe, die du von einem Computer zu einem anderen schickst, nennt man E-Mails. „E“ steht für electronic, das heißt elektronisch, und „Mail“ bedeutet Post. Eine E-Mail ist also ein elektronischer Brief. E-Mails sind viel schneller als ein Postbrief aus Papier. Sie brauchen nur einige Sekunden bis zum Empfänger, egal wie weit sie verschickt werden. Um eine E-Mail zu schreiben, brauchst du ein E-Mail-Programm und einen Internetzugang. Auch der Empfänger deiner Mail muss einen Computer und einen Internetanschluss haben, um die Nachricht zu empfangen.
Zum Versenden einer E-Mail benötigst du eine Adresse:

Lea	@	quiesel.de
Name des Empfängers		Name des E-Mail-Computers

Das ist das Zeichen für „at“. Das bedeutet „bei“.

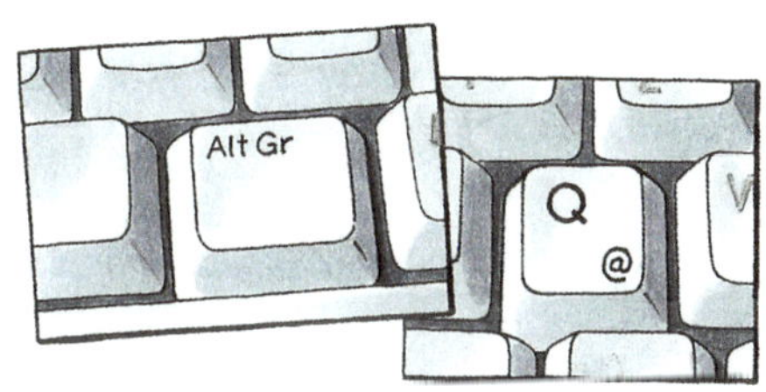

Du machst das „@“-Zeichen so:
Alt GR und gleichzeitig **Q** drücken.

Vorsicht Spam*!

In deiner Mailbox (Internetbriefkasten) kommen nicht nur die E-Mails deiner Freunde an, sondern auch Post von unbekannten Personen oder Absendern. Diese E-Mails können Viren* enthalten, die den Computer schädigen. Am besten ist es, solche E-Mails nicht zu lesen und zu löschen. Diese E-Mails nennt man Spam-Mails.

1 Wie wichtig sind E-Mails in deiner Familie? Führe eine Umfrage durch.

2 Sammelt Vor- und Nachteile von E-Mails in einer Tabelle.

Umfrage
Wer?
Wozu?
Wie oft?
Wie viel?

E-Mails schreiben

- Computer hochfahren.
- Programm starten.

E-Mail
Microsoft Office Outlook

- „Neu“ anklicken.

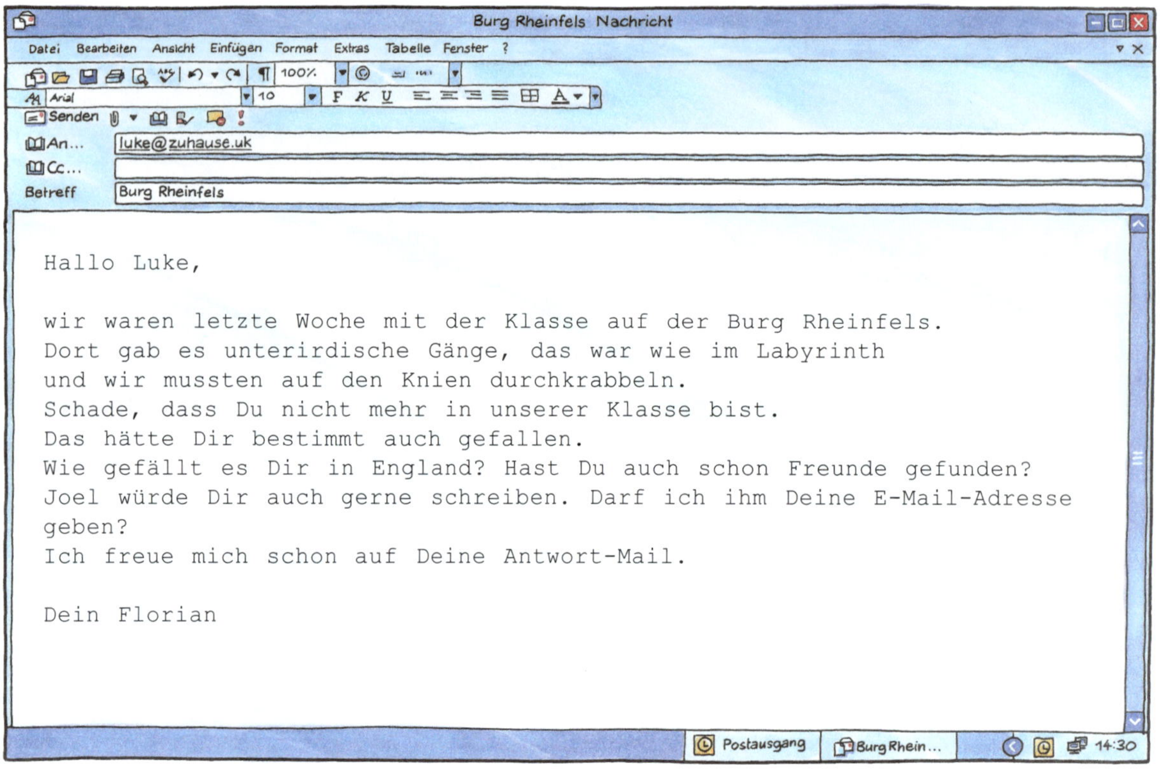

- E-Mail Adresse des Empfängers eingeben.

- Betreffzeile ausfüllen.

- Text ins Textfeld schreiben.

- Zum Versenden Symbol „Senden“ anklicken.

1 Beschreibe, wie man eine E-Mail schreibt und versendet.

2 Wie heißt die E-Mail Adresse des Empfängers?

E-Mails empfangen

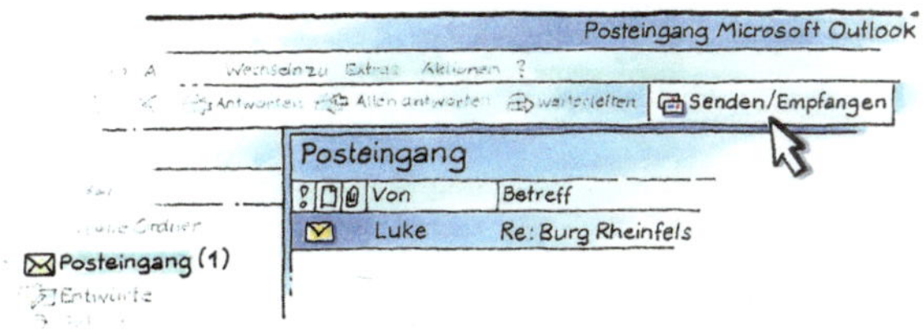

- Senden/Empfangen anklicken.

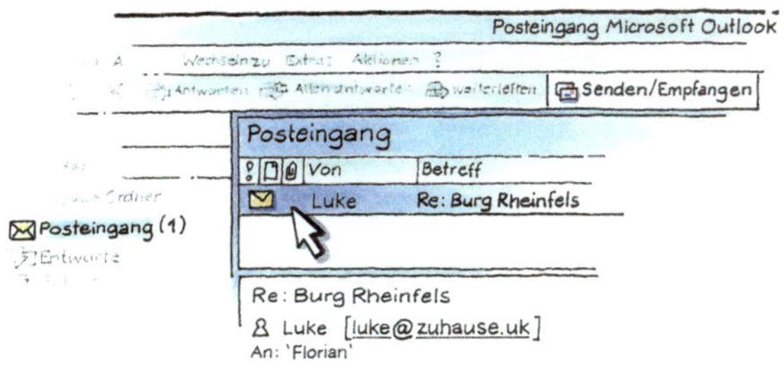

- Posteingang anklicken.
- Gewünschte E-Mail anklicken.

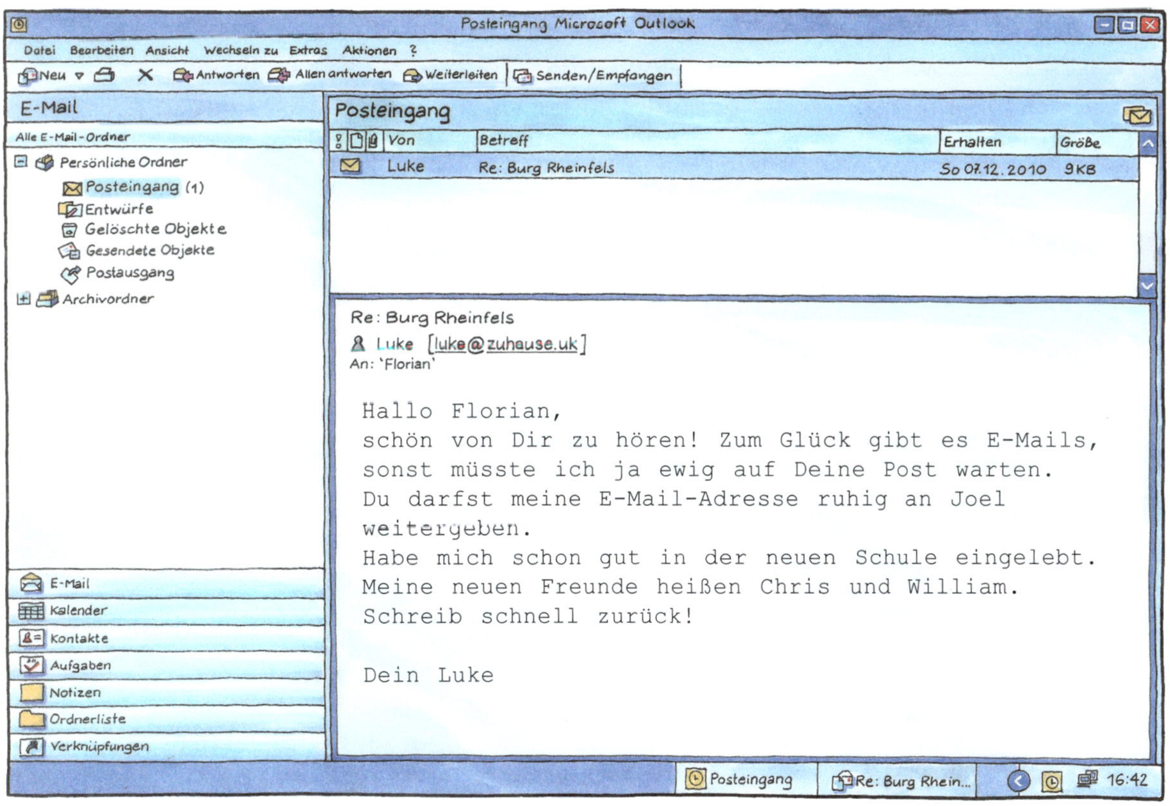

1 Beschreibe, wie man E-Mails empfängt.

2 Auf welches Feld in der Symbolleiste muss Florian klicken, um Luke eine Antwort-Mail zu schreiben?

Vor hundert Jahren

Schule vor hundert Jahren

Vor hundert Jahren mussten Kinder ab 6 Jahren von Montag bis Samstag in die Schule gehen. Es gab oft nur einen Lehrer und ein Klassenzimmer für ungefähr 60 Kinder zwischen 6 und 14 Jahren. Die Tische standen so, dass alle Schüler nach vorn schauten. Mädchen und Jungen wurden teilweise getrennt unterrichtet.
Vor dem Unterricht wurde gebetet. Anschließend kontrollierte der Lehrer, ob die Fingernägel und die Ohren sauber waren. Wer schmutzig war, bekam eine Ohrfeige oder Schläge mit dem Rohrstock. Wer im Unterricht ohne Erlaubnis sprach, musste sich zur Strafe mit dem Gesicht zur Wand in die Ecke stellen. Wann Pause war, entschied der Lehrer.

1 Vergleicht den Schulalltag von früher mit eurem Schulalltag.
Notiert Gemeinsamkeiten und Unterschiede in einer Tabelle.

2 Gestaltet eine Ausstellung zu Schule früher.

Die Kinder schrieben mit einem Griffel auf einer Schiefertafel*. Sie hatte auf der einen Seite Schreiblinien und auf der anderen Seite Rechenkästchen.

Ältere Kinder lernten mit Tinte und Federhalter zu schreiben. Das war nicht ganz einfach. Wenn an der Schreibfeder zu viel Tinte war, gab es hässliche Kleckse auf dem Papier.

3 Findet Vor- und Nachteile zum Schreiben auf der Schiefertafel und auf dem Papier.

Stundenplan der Dorfschule in Felsungen

Stunde	Montag	Dienstag	Mittwoch	Donnerstag	Freitag	Samstag
1.	Religion	Religion	Geschichte	Religion	Biblische Geschichte	Naturlehre
2.	Rechnen	Rechnen	Aufsatz	Rechnen	Rechnen	Aufsatz
3.	Raumlehre Rechnen	Recht-schreiben	Naturbe-schreibung	Raumlehre Rechnen	Recht-schreiben	Naturbe-schreibung
4.	Lesen	Erdkunde		Lesen	Erdkunde	
5.	Sprachlehre	Schön-schreiben		Schön-schreiben	Zeichnen	
6.	Singen	Turnen/ Handarbeit		Singen	Turnen/ Handarbeit	

1 Finde Gemeinsamkeiten und Unterschiede zu deinem Stundenplan.

2 Welches Fach war nur für Jungen, welches Fach nur für Mädchen?

Früher mussten manche Kinder auf dem Land bis zu 10 km zur Schule laufen. Das war sehr anstrengend. Vor allem weil viele arme Kinder schlechte Schuhe hatten.

Die Kinder mussten mithelfen das Brennholz für den Ofen in der Klasse aufzuschichten. In der Pause holten die Kinder frisches Wasser aus dem Brunnen, um ihre Schiefertafeln* und die Tafel des Lehrers zu putzen. Jeden Samstag mussten die Kinder die Schule kehren.

3 Wer hat in eurer Klasse den längsten Schulweg?

4 Welche Klassendienste gibt es heute noch?

Die Schrift

a	b	c	d	e	f	g	h	i	j	k	l	m
n	o	p	q	r	s	t	u	v	w	x	y	z
A	B	C	D	E	F	G	H	I	J	K	L	M
N	O	P	Q	R	S	T	U	V	W	X	Y	Z

So sieht die Schrift aus, die die Kinder ab 1915 in der Schule gelernt haben. Man nennt sie die Sütterlin*-Schrift.

1 Welche Buchstaben sind unseren Buchstaben ähnlich?

2 Warum muss über dem u ein Bogen sein?

3 Schreibe deinen Namen in Sütterlin-Schrift.

Früher wurden die Kinder in der Schule für sehr gute Leistungen mit Fleißkärtchen belohnt. Auf den Kärtchen waren Bilder und manchmal auch Sprüche.

4 Schreibe das Fleißkärtchen in deiner Schrift auf.

5 Gestalte selbst ein Fleißkärtchen.

Interview

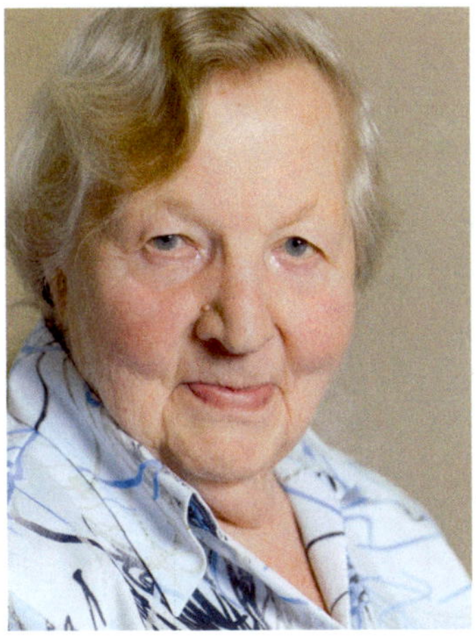

Friederike Schmidt ist fast 95 Jahre alt. Sie erzählt gern aus ihrer Kindheit.

Quiesel: Wo haben Sie als Kind gewohnt?
Frau Schmidt: Meine Eltern arbeiteten bei einem Gutshofbesitzer. Wir konnten dort im Nebenhaus wohnen.

Quiesel: Wie sah Ihr Kinderzimmer aus?
Frau Schmidt: Ich hatte kein eigenes Zimmer. Ich schlief mit meinen fünf Geschwistern in der Küche. Meine Eltern hatten hinter der Küche einen kleinen Raum, in dem sie mit meinen zwei kleinsten Geschwistern schliefen.

Quiesel: Hatten Sie viele Spielsachen?
Frau Schmidt: Ich hatte nur drei Murmeln. Aber wir durften nicht oft spielen. Ich musste viel helfen.

Quiesel: Wobei mussten Sie helfen?
Frau Schmidt: Als ich sechs Jahre alt war, musste ich auf meine kleinen Geschwister aufpassen und im Haus helfen. Ich holte immer das Wasser von der Pumpe auf dem Hof. Im Herbst half ich, die Kartoffeln aus dem Feld zu graben.

Quiesel: Was war Ihr Lieblingsessen?
Frau Schmidt: Namenstaggugelhupf, weil es bei uns so selten Kuchen gab.

Quiesel: Und was gab es mittags zu essen?
Frau Schmidt: Es gab ganz oft Suppe.

Quiesel: Was haben Sie gerne im Fernsehen geguckt?
Frau Schmidt: Als ich Kind war, war der Fernseher noch nicht erfunden.

Friederike Schmidt als Kind

1 Welche Fragen würdest du noch stellen?

2 Plant selbst ein Interview und führt es durch.

Kleidung

Lisbeth und Friedrich

Theresia und Konrad

1 Sprecht über die Kleidung von früher.

2 Vergleicht die beiden Geschwisterpaare.

Spielzeug

3 Was wurde mit den Spielsachen gespielt?

4 Die Kinder sollten damit etwas lernen. Überlege, was sie lernen sollten.

5 Wem haben diese Spielsachen gehört?

6 Mit welchen Spielsachen hättest du gern gespielt?

Information

Spiele vor hundert Jahren

Murmeln schnippen

Du brauchst:
- große und kleine Murmeln
- Kreide

Auf den Boden wird ein Kreis gemalt, in den alle Mitspieler gleich viele kleine Murmeln legen. Jedes Kind hat eine große Murmel. Drei Schritte vom Kreis entfernt wird eine Linie gezeichnet. Von dort versucht der erste Spieler mit seiner großen Murmel die kleinen Murmeln aus dem Kreis zu schnippen. Gelingt es ihm eine Murmel aus dem Kreis zu schnippen, darf er sie behalten. Seine große Murmel darf er von der Stelle, an der sie liegen geblieben ist, noch einmal schnippen.

Bockspringen

Ein Kind bückt sich und stützt sich mit den Händen auf den Beinen ab und steht mit eingezogenem Kopf gebückt da.
Ein anderes Kind überspringt es mit gegrätschten Beinen. Danach geht der Springer in die gebückte Haltung und wird selbst übersprungen. Mit zwei Spielerpaaren könnt ihr um die Wette springen.

Reifen schlagen

Du brauchst:
- mindestens zwei Mitspieler
- Reifen
- lange Stöcke

Wer hat zuerst die Ziellinie erreicht?

1 Probiert die Spiele aus.

Was krabbelt da?

Tiere und Pflanzen der Wiese

① Marienkäfer	④ Weberknecht	⑦ Heuschrecke	⑩ Großes Ochsenauge
② Feldhummel	⑤ Schwarze Wegameise	⑧ Schwebfliege	⑪ Regenwurm
③ Grünes Heupferd	⑥ Raupe des Amirals	⑨ Blattläuse	⑫ Assel

Die Wiese ist eine Lebensgemeinschaft von Pflanzen und Tieren. Man entdeckt die verschiedenen Tiere oft in ganz bestimmten Wiesenschichten. In der **Blütenschicht** findet man vor allem fliegende Tiere, die Nektar* aus den Blüten saugen.

1 Welche Tiere und Pflanzen der Wiese kennst du?

2 Benenne fünf Tiere und fünf Pflanzen im Bild.

3 Ordne die Tiere den Wiesenschichten zu.

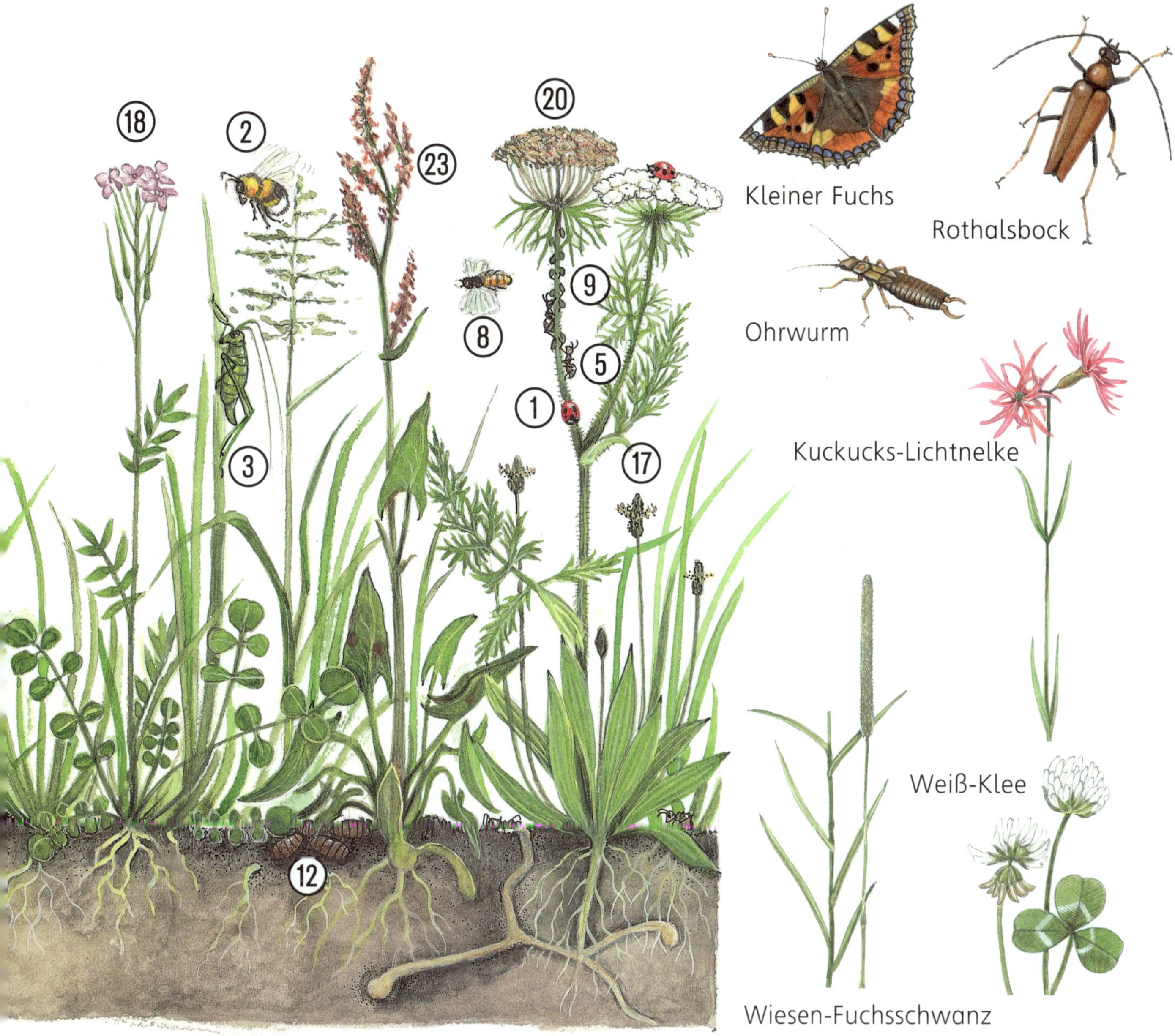

⑬ Bänderschnecke	⑯ Wolliges Honiggras	⑲ Hahnenfuß	㉒ Margerite
⑭ Krabbenspinne	⑰ Spitzwegerich	⑳ Wilde Möhre	㉓ Sauerampfer
⑮ Knäuelgras	⑱ Wiesenschaumkraut	㉑ Brennnessel	㉔ Ehrenpreis

In der **Blattschicht** leben die Tiere, die sich von Pflanzenteilen und kleineren Insekten ernähren. In der **Bodenschicht** findet man Tiere, die Schatten und Feuchtigkeit lieben. Die Tiere in der **Wurzelschicht** finden ihre Nahrung in der Erde.

4 Warum findet man die Tiere in bestimmten Wiesenschichten?

5 Erstellt einen Steckbrief zu einem Tier oder einer Pflanze.

6 Stellt euren Steckbrief der Klasse vor.

Information

Lebensgemeinschaften

Die Bienen ernähren sich vom Nektar* der Blüten. Dabei bestäuben sie die Blütenpflanzen. Die Pflanzen können dann Samen bilden und sich vermehren.

Die Larven* vom Marienkäfer leben auf Brennnesseln. Sie fressen Blattläuse, die den Saft aus der Brennnessel saugen. Brennnesseln werden selten von Tieren gefressen, so überleben viele Larven.

1 Welche Tiere und Pflanzen bilden hier Lebensgemeinschaften?

2 Nennt Vorteile dieser beiden Lebensgemeinschaften für Tier und Pflanze.

3 Informiere dich über weitere Lebensgemeinschaften.

Wiesenforscher

4 Plant einen Erkundungsgang zu einer Wiese. Überlegt, welche Dinge ihr mitnehmen müsst.

5 Sprecht über die Regeln für Wiesenforscher.

6 Bestimmt einige Pflanzen und Tiere und notiert ihre Namen.

7 Pflückt einige der Wiesenblumen und legt ein Pflanzenbuch an.

Regeln für Wiesenforscher:
- Achte auf die Natur.
- Verhalte dich ruhig.
- Achte auf die eingefangenen Tiere und lasse sie wieder frei.
- Pflücke keine giftigen oder geschützten Pflanzen.
- Beachte die Tipps zum Zeckenschutz auf Seite 80.

Information

Geschützte Arten

Tiere und Pflanzen, die sehr selten vorkommen, stehen unter Naturschutz.

Feldhamster

Hirschkäfer

Feuersalamander

Schwalbenschwanz

Geflecktes Knabenkraut

Arnika

Trollblume

Wiesen-Schlüsselblume

Vorsicht giftig!

Diese Pflanzen sind sehr giftig und dürfen nicht berührt oder gepflückt werden.

Herbstzeitlose

Blauer Eisenhut

Maiglöckchen

Roter Fingerhut

1 Informiere dich über weitere geschützte oder giftige Arten.

2 Was könnt ihr tun, um Tiere und Pflanzen zu schützen?

Vorsicht Zecke!

Zecken leben in Sträuchern, Gräsern und im Unterholz. Sie können den Menschen stechen und dabei gefährliche Krankheiten wie Borreliose* und Hirnhautentzündung* übertragen. Deshalb sollte man unbedingt die Tipps zum Zeckenschutz beachten.

So kannst du dich schützen:
- Trage eine Kopfbedeckung, lange Ärmel und lange Hosen.
- Trage geschlossene Schuhe und stecke deine Hose in die Strümpfe.
- Suche deinen Körper nach jedem Aufenthalt im Freien nach Zecken ab.
- Lasse die Zecken so schnell wie möglich fachgerecht entfernen.
- Informiere einen Erwachsenen oder gehe zum Arzt.

1 Welche Stellen am Körper müssen besonders sorgfältig abgesucht werden?

Information

Der Stamm der Gliederfüßer

Zu den Gliederfüßern gehören drei Klassen:

Klasse Insekten

Ihr Körper besteht aus drei Körpergliedern: Kopf, Brust und Hinterleib. Die Brust trägt sechs Beine (drei Paare) und bei einigen Arten noch zwei oder vier Flügel.

Klasse Spinnentiere

Ihr Körper besteht nur aus ein oder zwei Körperglieder. Spinnentiere haben acht Beine (vier Paare) und keine Flügel.

Klasse Tausendfüßer

Ihr Körper besteht aus vielen Körpergliedern, an denen sich jeweils zwei Beine befinden.

Experiment

Raupen beobachten

① Baut einen Raupenkasten.
② Richtet den Raupenkasten ein.
③ Pflückt Brennnesseln und setzt sie ein.
④ Wechselt täglich Brennnesseln und Wasser.
⑤ Beobachtet die Raupen.
⑥ Legt ein Protokollheft an.

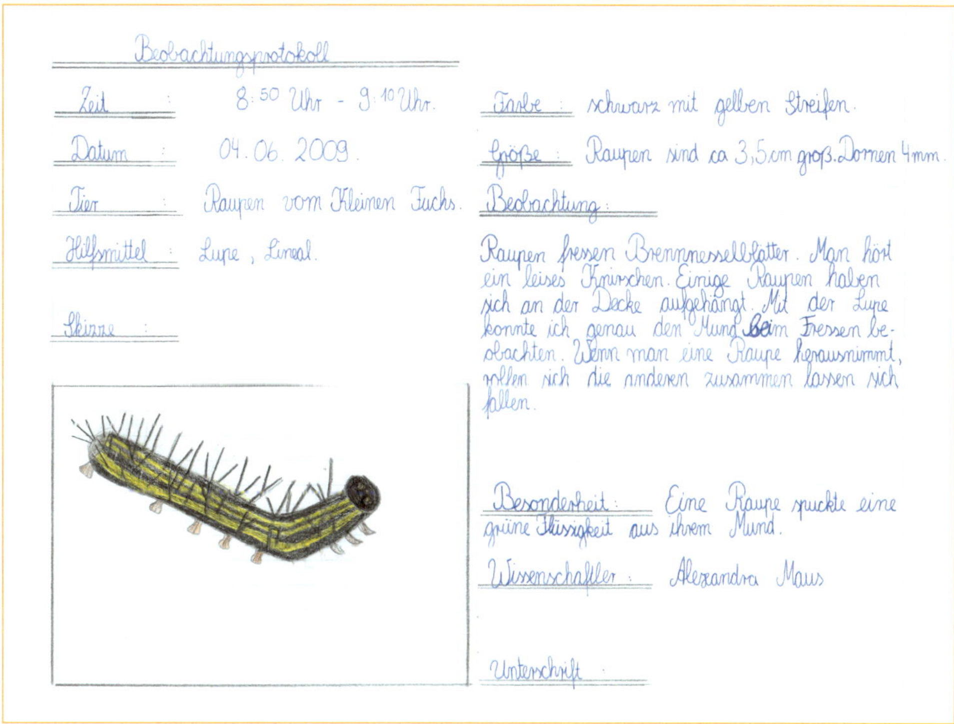

Beobachtungsprotokoll

Zeit: 8:50 Uhr - 9:10 Uhr.
Datum: 04.06.2009.
Tier: Raupen vom Kleinen Fuchs.
Hilfsmittel: Lupe, Lineal.
Skizze:

Farbe: schwarz mit gelben Streifen.
Größe: Raupen sind ca 3,5cm groß. Dornen 4mm.
Beobachtung:
Raupen fressen Brennnesselblätter. Man hört ein leises Knirschen. Einige Raupen haben sich an der Decke aufgehängt. Mit der Lupe konnte ich genau den Mund beim Fressen beobachten. Wenn man eine Raupe herausnimmt, wollen sich die anderen zusammen lassen sich fallen.

Besonderheit: Eine Raupe spuckte eine grüne Flüssigkeit aus ihrem Mund.
Wissenschaftler: Alexandra Maus
Unterschrift:

Information

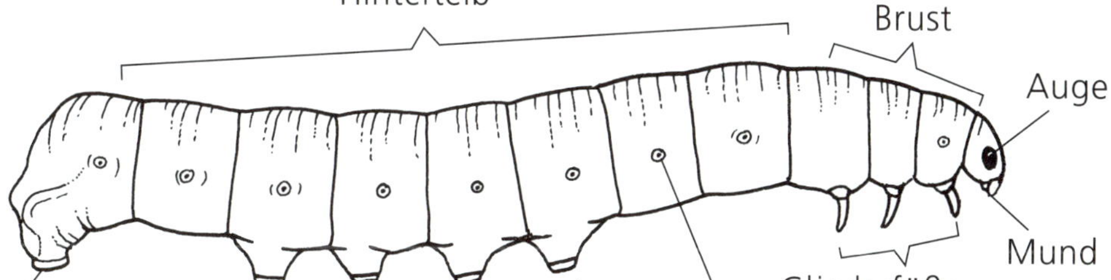

Metamorphose: Vom Ei zum Schmetterling

Das Tagpfauenauge erkennst du an seiner Flügelzeichnung.
Die großen „Augen" auf den Flügeln sollen Feinde abschrecken.

① Im Frühjahr legt das Weibchen viele Eier auf die Unterseite von Brennnesselblättern.

② Nach wenigen Tagen schlüpft aus jedem Ei eine Raupe. Die Raupen fressen Brennnesselblätter.

③ Die Raupen wachsen und häuten* sich mehrmals. Die abgestreifte Raupenhaut fällt zu Boden.

④ Unter der Raupenhaut hat sich schon eine Puppenhülle entwickelt. Die Raupe verpuppt sich.

⑤ Die Puppe hängt etwa 2 bis 3 Wochen am Blatt. Darin entwickelt sich der Schmetterling.

⑥ Nach 2 Wochen öffnet sich die Hülle und der Schmetterling schiebt sich langsam heraus.

1 Beschreibe die Entwicklung des Tagpfauenauges.

2 Finde zu jedem Bild eine passende Überschrift.

3 Kannst du noch andere Raupen finden? Auf welchen Pflanzen siehst du sie?

Information

Schutz vor Feinden

Raupen und Schmetterlinge haben viele Feinde, zum Beispiel Vögel, Eidechsen, Fledermäuse und Nagetiere. Man kann verschiedene Möglichkeiten beobachten, wie sie sich schützen.

Kaisermantel

Mondvogel

Raupe Kleiner Gabelschwanz

Kleines Wiesenvögelchen

Wenn Vögel Wespen fangen, stellen sie fest: Wespen stechen und sie schmecken nicht. Darum gehen die Vögel allen gelb-schwarz gestreiften Insekten aus dem Weg. Schwebfliegen haben keinen Stachel.

1 Wie schützen sich die Tiere vor ihren Feinden?

2 Warum wird die Schwebfliege nur selten von Vögeln gefressen?

3 Wodurch unterscheiden sich Schwebfliege und Wespe?

Zum Staunen

① 

③ 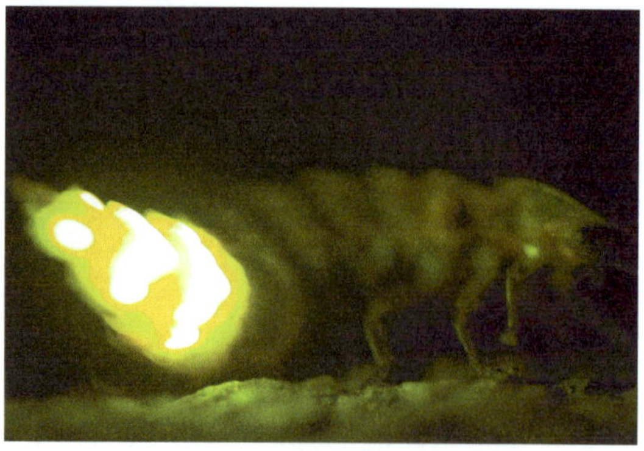

② 

④ 

1 Worüber staunst du? Diskutiert in der Klasse.

① Die Pyramiden stehen in Ägypten* und wurden vor etwa 4500 Jahren erbaut. Zu dieser Zeit gab es noch keine Kräne oder Lastwagen. Trotzdem ist die *Große Pyramide* über 150 m hoch und an jeder Seite 230 m lang. Es wurden dabei über 2 Millionen Steinblöcke verbaut, von denen einer so schwer ist wie etwa 5 Autos.

③ Glühwürmchen sind Leuchtkäfer. Sie können Leuchtsignale aussenden, die dazu dienen, dass sich weibliche und männliche Tiere zur Paarung finden. Es leuchten die drei letzten Glieder des Hinterleibs. Die Leuchtkraft des Glühwürmchens ist aber nur gering. Eine Kerze leuchtet tausend Mal heller.

② Viele Sportler erreichen in ihrer Sportart Höchstleistungen. Ein eher unbekanntes Sportgerät ist das Rhönrad. Die Größe richtet sich nach der Größe des Sportlers. Rhönräder sind zwischen 1,20 m und 2,45 m groß und wiegen zwischen 40 kg und 60 kg. Man kann sich damit vorwärts und rückwärts bewegen und Drehungen machen.

④ Einen Regenbogen kann man sehen, wenn es regnet und gleichzeitig die Sonne scheint. Dazu muss man mit dem Rücken zur Sonne stehen und in den Regen schauen. Ein Regenbogen zeigt immer sieben Farben in der gleichen Reihenfolge.

2 Welche Informationen findest du erstaunlich?

3 Beschreibe etwas, worüber du schon gestaunt hast.

4 Überlegt Möglichkeiten erstaunliche Dinge zu erklären.

Experiment

Was siehst du?

1

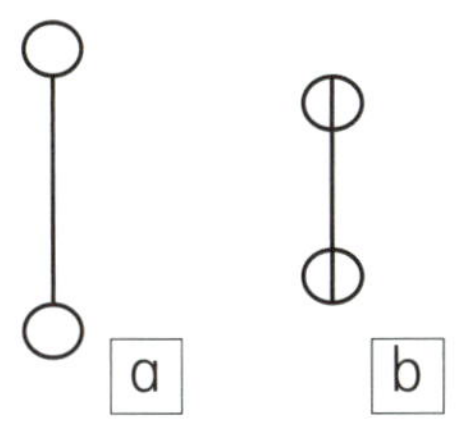

2

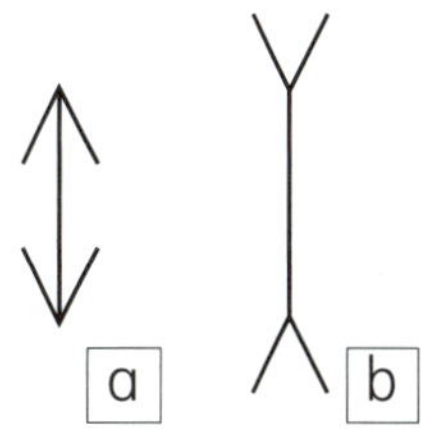

3

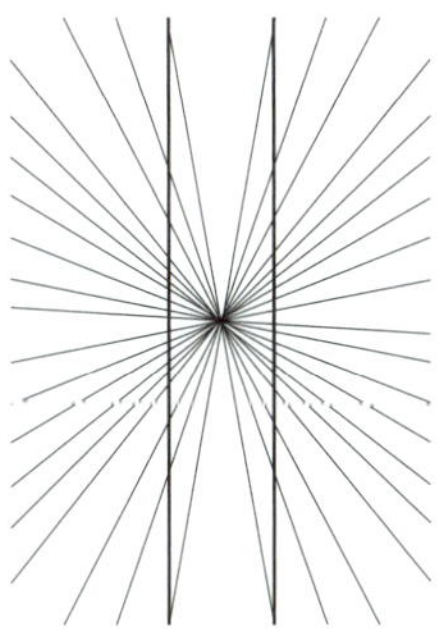

4

① Vergleiche die beiden Linien in den Bildern 1 und 2.
Notiere, was du siehst.

② Miss die Länge der Linien mit einem Lineal.

③ Beschreibe, was du in den Bildern 3 und 4 siehst.

④ Lege ein Lineal an die Linien.

Information

Optische Täuschung

Unter einer optischen Täuschung versteht man eine Täuschung der Wahrnehmung. Die Bilder, die wir sehen, entsprechen nicht der Wirklichkeit. Es gibt dabei unterschiedliche Arten von optischen Täuschungen. Einige lassen sich überprüfen, für andere gibt es noch keine Erklärung.

1 Sammelt weitere Bilder mit optischen Täuschungen.

2 Informiere dich über optische Täuschungen.

Balancieren

Seiltänzer bewegen sich auf einem gespannten Drahtseil. Die meisten Seiltänzer benutzen dabei eine Balancierstange. Am 12. Juni 1994 balancierte der Franzose Philippe Petit bei der 1200 Jahrfeier der Stadt Frankfurt in etwa 70 m Höhe auf einem 300 m langen Drahtseil von der Kuppel der Paulskirche zum Turm des Doms.

Experiment

Du brauchst:

- 1 Flaschenkorken, 2 gleiche Gabeln

Das musst du tun:

① Versuche den Korken auf dem Zeigefinder zu balancieren.

② Was beobachtest du?

③ Stecke die Gabeln in den Korken.

④ Versuche den Korken mit den Gabeln zu balancieren.

⑤ Was stellst du fest?

⑥ Welche Schlüsse kannst du aus dem Experiment für das Balancieren auf dem Seil ziehen?

Pflanzen haben Kraft

Manche Pflanzen wachsen durch Straßenasphalt.
Feinste Wurzelhärchen bohren sich dabei in kleinste Spalten.
Wenn sie genügend Wasser und Nährstoffe* erhalten,
breiten sie sich weiter aus. Dabei können sie so großen
Druck erzeugen, dass sie den Asphalt* durchbrechen.

Experiment

Ihr braucht:

- 1 durchsichtigen Kunststoffbecher,
- 1 Holzstab zum Umrühren,
- 1 kleine Kunststoffschüssel,
- 1 Esslöffel Saaterbsen,
- 3 Esslöffel Gips,
- 2 Esslöffel Wasser

Das müsst ihr tun:

① Gebt 3 Esslöffel Gips in die Schüssel.
② Fügt 2 Esslöffel Wasser hinzu und rührt um.
③ Rührt einen Esslöffel Saaterbsen in den Gipsbrei.
④ Schüttet die Mischung in den durchsichtigen Kunststoffbecher.
⑤ Notiert eure Beobachtungen in einem Beobachtungsprotokoll.

Zeit	Beobachtung
Zu Beginn	Gips ist nass und breiig, Erbsen sind hart, der Becher ...
Nach einer Stunde	
Nach 1 Tag	
Nach 2 Tagen	

⑥ Überlegt euch eine Erklärung für eure Beobachtung.

Vom Staunen zum Experiment

1 Erzähle zu den Bildern.

1	Situation:	Du staunst über etwas. Du denkst darüber nach. Du findest keine Erklärung dafür.
2	Fragestellung:	Überlege, was du wissen willst. Formuliere eine Frage zur Situation.
3	Vermutung:	Was könnte die Antwort oder Erklärung für deine Frage sein? Denke nach.
4	Planung:	Überlege dir ein Experiment mit dem du deine Frage oder Vermutung überprüfen kannst. Besorge die Dinge, die du dazu benötigst.
5	Durchführung:	Führe dein Experiment durch.
6	Beobachtung:	Halte deine Beobachtungen fest. Zeichne oder schreibe auf.
7	Ergebnis:	Formuliere, was du herausgefunden hast. Kannst du damit deine Frage beantworten? Gibt es Dinge, die du in diesem Experiment verbessern oder ändern kannst?
8	Weiterführung:	Wenn du noch keine Antwort auf deine Frage gefunden hast, plane ein weiteres Experiment.

Sicherheitsregeln:

- ✔ Experimentiere nicht mit Strom, Feuer oder giftigen Stoffen.
- ✔ Bespreche das Experiment mit einem Erwachsenen.
- ✔ Führe Experimente nur nach Anweisung oder einer Experimentier-Vorschrift durch.
- ✔ Beginne erst, wenn du die Arbeitsschritte verstanden hast.
- ✔ Entferne alle Dinge vom Tisch, die du nicht benötigst.

1 Ordne die einzelnen Experimentierschritte den Bildern auf Seite 88 zu.

Wo wir wohnen

Eine Stadt früher und heute

Hexenturm Fulda

In der Stadt Fulda kann man noch Teile der alten Stadtmauer sehen. Sie wurde im Mittelalter* gebaut, um die Stadt vor räuberischen Angriffen zu schützen. Mit Wehrtürmen wurde die Stadtmauer verstärkt. Ein gut erhaltener Wehrturm ist der Hexenturm in der Kanalstraße. Der Rundturm diente zur Sicherung des am Turm gelegenen Tores. Durch das Tor gelangte man vom Kloster in die Stadt.

1 Welche Bauwerke von früher gibt es in eurem Ort? Notiert Name oder Standort und erkundigt euch nach dem Baujahr. Macht Fotos.

Dom in Fulda

Fulda liegt in Hessen und hat heute etwa 64 000 Einwohner. Im Jahr 744 wurde Fulda durch den Benediktinermönch* Sturmius* im Auftrag des Missionsbischofs Bonifatius* gegründet. In der Zeit des Barocks* wurden der Dom und das Residenzschloss erbaut. Auch der Schlossgarten stammt aus dieser Zeit. Viele Gebäude aus alter Zeit sind noch erhalten. Jetzt sind darin Geschäfte, Cafés und Behörden. In Museen erfährt man viel aus früheren Zeiten.

2 Sammelt Informationen zur Geschichte eures Ortes. Notiert in Stichworten.

Das Wappen

Meistens gibt es eine Geschichte zur Entstehung eines Wappens.

Auf dem Stadtwappen von Fulda sieht man das Kreuz als Zeichen für das Kloster Fulda, durch das die Stadt entstanden ist. Die drei Lilien stehen für die Geschwister Simplicius*, Faustinus* und Beatrix*, die drei Schutzpatrone der Stadt. Der rote Hintergrund bedeutet, dass die drei Geschwister den Märtyrertod* gestorben sind. Die Mauerkrone im Wappen steht für die Stadtmauer.

1 Wie sieht das Wappen eures Ortes aus?

2 Welche Bedeutung hat euer Wappen?

3 Wo ist das Wappen abgebildet?

Unser Ort

4 Gestaltet ein Leporello oder ein Plakat über euren Ort.

Von der Wirklichkeit zur Karte

Satellitenfoto von Fulda 500 m Höhe

Auf Satellitenbildern* kann man die Erde von oben sehen.
Sie dienen als Vorlage für die Erstellung von Karten.

1 Was kannst du auf dem Satellitenbild erkennen?

2 Wo befindet sich der Sportplatz?

3 Wie kommst du von der Wohnsiedlung ins Schwimmbad?

Experiment

Vom Satellitenbild zur Karte

① Lege ein transparentes Papier auf das Satellitenbild*. Befestige es mit Büroklammern, damit es nicht verrutscht.

② Pause das Satellitenbild ab.

③ Nimm das Transparent-Papier ab.
④ Male mit Buntstiften an:
Wohnhäuser rot
Grünflächen grün.

⑤ Vergleicht eure Karten.

Information

Auf Karten werden Teile der Erde verkleinert und vereinfacht abgebildet. Man verwendet Symbole für besondere Dinge. Damit alle Menschen die Symbole verstehen können, sind sie gleich und werden in einer Legende erklärt.

Sportplatz Straßen Wald, Bäume

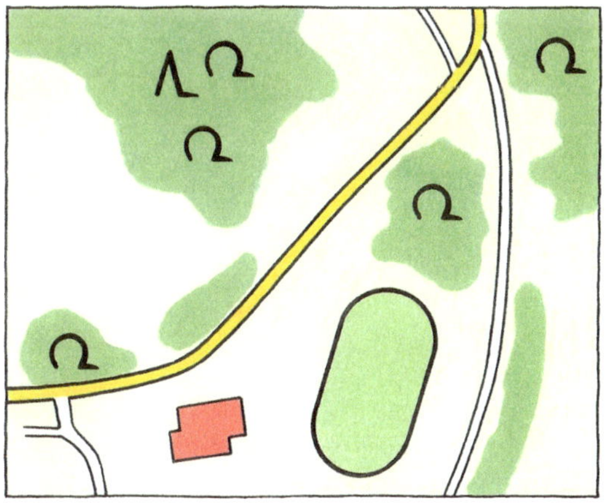

1 Findest du den Ausschnitt der Karte im Satellitenbild wieder?

2 Ergänze Symbole in deiner Karte.

Ein Rundgang durch die Stadt

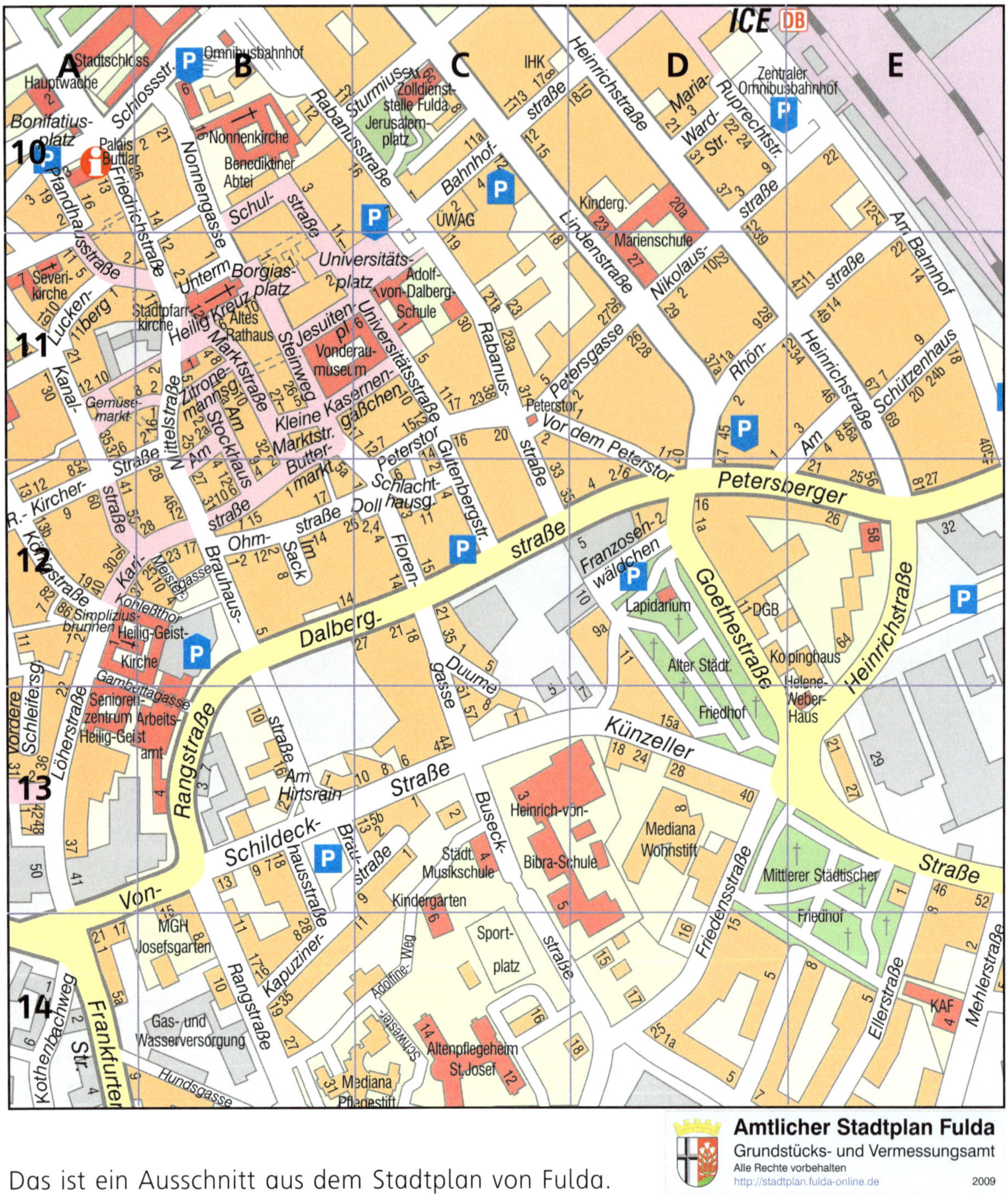

Das ist ein Ausschnitt aus dem Stadtplan von Fulda. Er ist in Planquadrate eingeteilt, damit man Straßen und Gebäude besser findet.

1 Was bedeuten diese Symbole?

2 Macht einen Quiz, zum Beispiel: In welchem Planquadrat befindet sich der Bahnhof?

Laura hat eine neue Mitschülerin. Sie möchte ihr Fulda zeigen.

Von der Adolf-von-Dahlberg-Schule gehen sie zum Vonderau-Museum. Dort gibt es Informationen über die Geschichte Fuldas. Anschließend gehen sie an der Kirche vorbei zur Friedrich-Straße bis zum Infocenter. Hier können Touristen Informationen über die Stadt erhalten.

Dann gehen sie zum Stadtschloss. Dort befinden sich verschiedene Ämter für die Bürgerinnen und Bürger der Stadt. Hier hat auch der Oberbürgermeister sein Büro.

Zum Schluss schlendern sie durch die Fußgängerzone und essen ein Eis.

Für die nächste Woche verabreden sie sich in der Kinder-Akademie, in der es viele spannende Dinge für Kinder gibt. Das begehbare Herz ist eines der Ausstellungsstücke.

3 Sucht den Stadtrundgang auf dem Stadtplan.

4 Welche Aufgaben haben öffentliche Einrichtungen und Ämter für die Bürgerinnen und Bürger?

5 Plant einen Stadtrundgang in eurem Ort.

Experiment

Der Kompass

① Drehe das Kompassgehäuse so, dass die Kompassnadel nach Norden zeigt.

② Bewege dich mit dem Kompass auf dem Schulgelände. Beobachte dabei die Kompassnadel.

Information

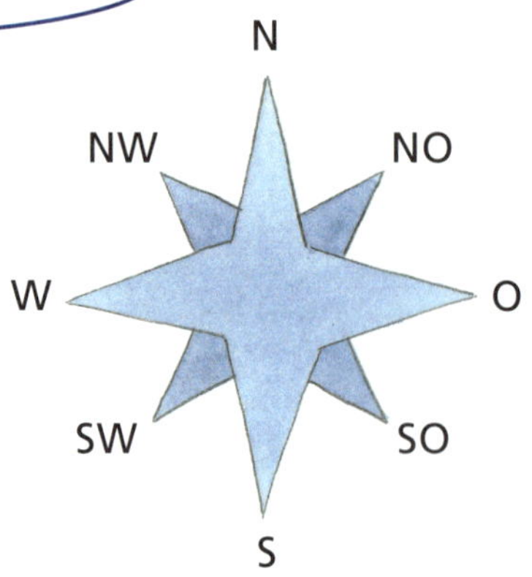

Der Kompass besteht aus der beweglichen Kompassnadel. Diese ist auf einer Windrose befestigt.
Auf der Windrose sind die Himmelsrichtungen Norden (N), Osten (O), Süden (S) und Westen (W) und die Nebenhimmelsrichtungen gekennzeichnet.

Die Kompassnadel ist ein kleiner Magnet. Wir können uns auf der Erde mit Hilfe des Kompasses orientieren, da die Erde einen magnetischen Nord- und Südpol* hat. Die farbige Spitze der Magnetnadel zeigt immer in Richtung Norden.
So kann man mit dem Kompass die Himmelsrichtungen bestimmen.

Vor vielen Jahrhunderten nutzten auch schon die Seeleute den Kompass. Der Kompass half ihnen, sich auf dem Meer zu orientieren.
Sie entdeckten neue Länder und konnten genauere Landkarten zeichnen.

Orientierung mit dem Kompass

① Du brauchst eine Karte oder einen Stadtplan.
② Lege den Kompass am Rand der Karte an.
③ Auf Karten ist Norden immer oben. Lege auch die Windrose so, dass Norden nach oben zeigt.
④ Jetzt hast du deine Karte eingenordet und kannst sagen, in welcher Richtung etwas liegt.

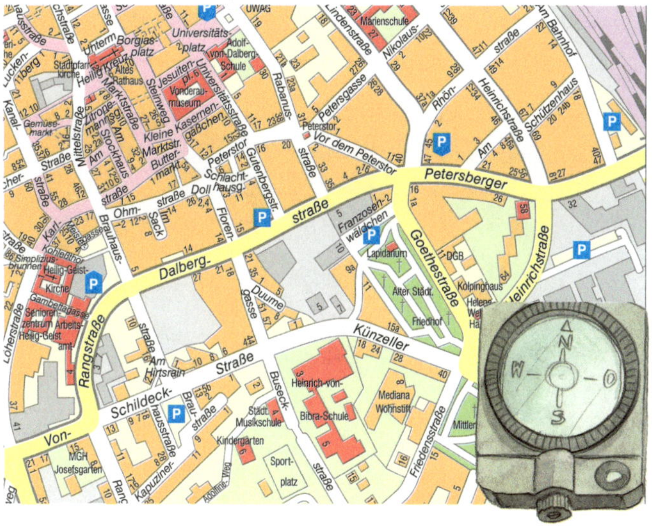

1 Nordet den Plan eurer Stadt ein.

2 Stellt euch Fragen, wie z. B. in welcher Richtung liegt das Schwimmbad?

Ort	Himmelsrichtung
Schwimmbad	Süden

Information

Orientierung mit der Sonne

Im Osten geht die Sonne auf,

im Süden ist ihr Mittagslauf,

im Westen wird sie untergehn,

im Norden ist sie nie zu sehen.

Orientierung mit der Uhr

Richte den kleinen Zeiger deiner Uhr auf die Sonne. Zwischen dem kleinen Zeiger und 12 Uhr liegt Süden.

3 Wo steht die Sonne im Laufe eines Tages? Zeichne und beschrifte.

Unterwegs

Von Frankfurt nach Berlin

In den Sommerferien wollen Lucas und Nele mit ihren Eltern ihre Oma in Berlin besuchen. Von ihrem Wohnort Frankfurt aus gibt es mehrere Möglichkeiten in die Hauptstadt zu gelangen.

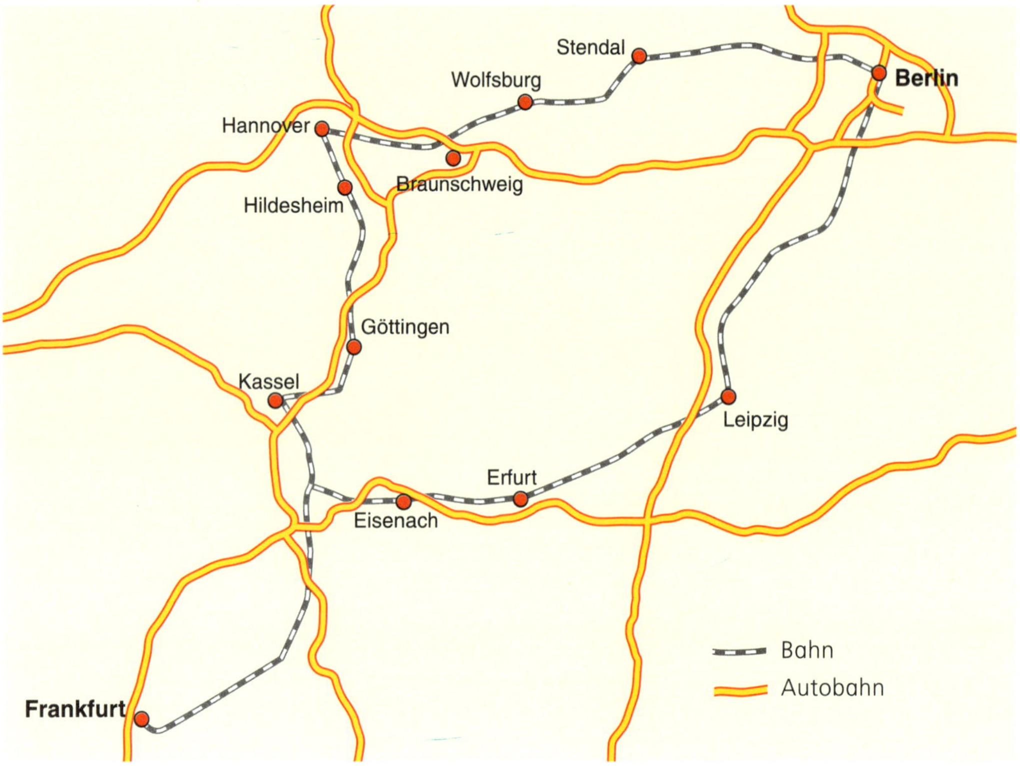

Bahnhof	Zeit
Frankfurt Hbf	ab 15:20
Leipzig Hbf	an 18:41
Leipzig Hbf	ab 18:51
Berlin Hbf	an 20:05
2 Erwachsene und 2 Kinder: Normalpreis: 87,00 Euro pro Person und Strecke; Kinder bis 14 Jahre frei	

Bahnhof	Zeit
Frankfurt Hbf	ab 15:58
Hannover Hbf	an 18:17
Hannover Hbf	ab 18:31
Berlin Hbf	an 20:11
2 Erwachsene und 2 Kinder: Normalpreis: 111,00 Euro pro Person und Strecke; Kinder bis 14 Jahre frei	

Auto	
Dauer der Fahrt	5 Stunden, 10 Minuten
Berechnete Kosten für eine Strecke	163,61 Euro

1 Welche Städte liegen an den beiden Bahnstrecken?

2 Welche Städte liegen entlang der eingezeichneten Autobahnstrecke?

3 Warum stehen Leipzig und Hannover mit einer An- und Abfahrtszeit in der Tabelle?

4 Vergleiche die Kosten und die Dauer von Bahn und Auto.

Auto oder Bahn?

1 Notiere Eigenschaften für die beiden Verkehrsmittel zu: Gepäck, Zeit, Kosten und Komfort. Sammle in Stichpunkten in einer Tabelle.

2 Kennzeichne die Vorteile mit einem Plus und die Nachteile mit einem Minus.

	Auto	+/–	Bahn	+/–
Gepäck	– viel Gepäck möglich	+	– wenig Platz für Gepäck	
Zeit	–		–	

3 Für welches Verkehrsmittel würdest du dich entscheiden? Begründe.

4 Spielt die Diskussion der Familienmitglieder im Rollenspiel nach.

Unterwegs in der Quieselstadt

Die Klasse 3b möchte das Quieselmuseum in der Bausteinestraße besuchen.

Buslinie 7 **Hauptbahnhof → Zoo**			
Haltestellen (H)			
Hauptbahnhof	08:40	09:40	10:40
Waldstraße	08:45	09:45	10:45
Markplatz	08:50	09:50	10:50
Waldstraße/Kindergarten	08:56	09:56	10:56
Parkallee	09:00	10:00	11:00
Stadionstraße/Stadion	09:04	10:04	11:04
Bausteinestraße	09:10	10:10	11:10
Zoo	09:14	10:14	11:14

U-Bahnlinie 3 **Hauptbahnhof → Zoo**			
Haltestellen U			
Hauptbahnhof	08:30	08:45	09:00
Waldstraße	08:32	08:47	09:02
Parkallee	08:36	08:51	09:06
Zoo	08:40	08:55	09:10

1 Wie kann die Klasse das Museum erreichen?

2 Vergleiche die verschiedenen Möglichkeiten miteinander. Für was würdest du dich entscheiden? Begründe.

3 Berichte von Erfahrungen mit der U-Bahn oder dem Bus.

Mit verschiedenen Verkehrsmitteln unterwegs

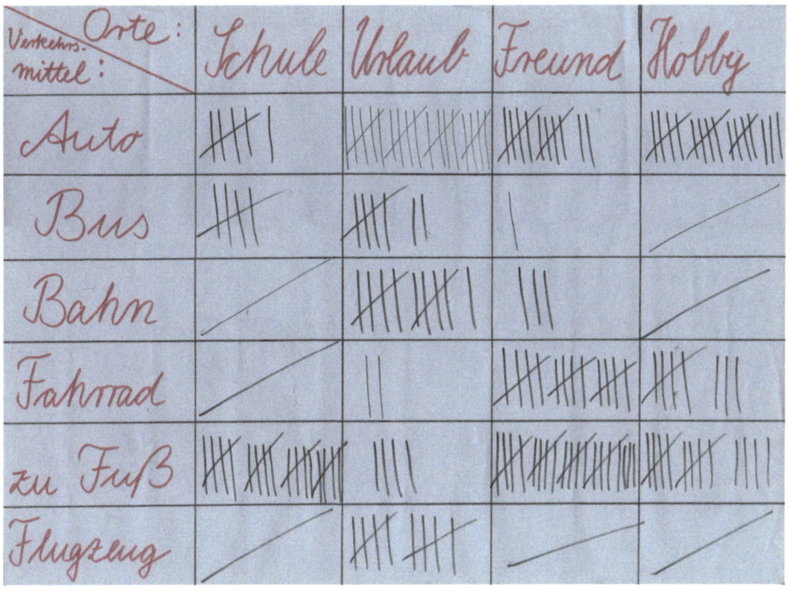

1 Die Klasse 3b hat eine Befragung dazu durchgeführt, wie die Kinder verschiedene Orte erreichen. Sprecht über das Ergebnis.

2 Wie erreicht ihr verschiedene Orte? Macht eine Befragung in eurer Klasse und sprecht über euer Ergebnis.

Information

Zug
Reisegeschwindigkeit: etwa 200 km/h*
Höchstgeschwindigkeit: über 400 km/h
Anzahl der Reisenden: über 600 Personen.

Auto
Reisegeschwindigkeit: etwa 90 km/h.
Schnellste Fahrzeuge: bis 280 km/h.
Anzahl der Reisenden: 4–5 Personen.

Flugzeug
Reisegeschwindigkeit: 800–900 km/h.
Höchste erreichte Geschwindigkeit: 2400 km/h.
Anzahl der Reisenden: über 500 Personen im größten Flugzeug.

Reisebus
Reisegeschwindigkeit: etwa 80 km/h.
Höchstgeschwindigkeit: 110 km/h.
Anzahl der Reisenden: etwa 50 Personen.

3 Vergleiche die Verkehrsmittel.

Pro und Contra

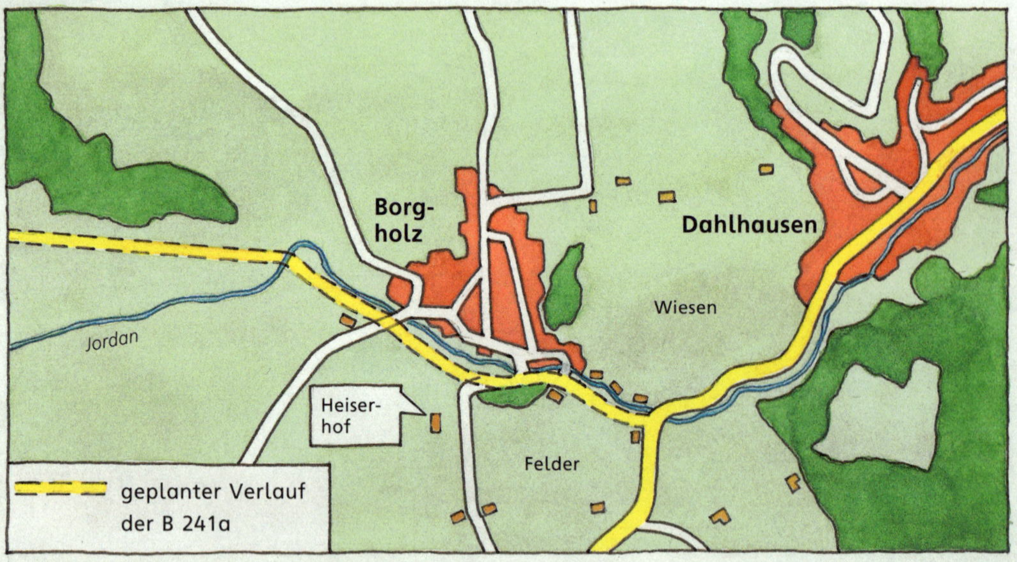

Bau der B 241a – Proteste flammen auf

Borgholz Zweiundzwanzig brennende Strohballen markierten den Verlauf der geplanten Bundesstraße am Bachlauf des Jordans entlang. Wie viele andere Bauern, die Land im Tal des Jordans besitzen, fürchtet auch Bauer Hartmann um die Existenz seines Hofes. Er besitzt 70 Hektar Land und davon 45 Hektar Weideland im Tal des Jordans.

Bauer Hartmann hat vor zehn Jahren seinen Hof auf Bio-Landwirtschaft umgestellt. Für die Rinderzucht auf dem Heiserhof braucht er deshalb sehr viel Weideland, welches ihm durch den Bau der Bundesstraße genommen werden würde.

Die Bewohner von Borgholz befürworten den Bau, da sich dadurch der durchfließende Verkehr mit seiner Lärmbelästigung vermindern würde. Sie könnten durch die neue Bundesstraße einfacher ihre Arbeitsplätze in Paderborn erreichen.

Die Umweltschützer protestieren dagegen. Das Tal des Jordans mit dem vielen Grün, den Feuchtwiesen mit ihrer Artenvielfalt, den Baumgruppen und den Kopfweiden würde unwiederbringlich zerstört werden. Außerdem sei durch zahlreiche Gutachten nachgewiesen, dass das Straßenbauprojekt unsinnig sei. Das Fahrzeugaufkommen sei viel zu gering.

1 Warum wird gegen den Bau der Bundesstraße protestiert?

2 Welche Meinungen gibt es? Benenne drei Interessengruppen.

3 Sammelt Argumente für jede Interessengruppe und führt eine Podiumsdiskussion durch.

So könnt ihr eure Meinung äußern:

Ich bin der Meinung, dass ...
Meiner Meinung nach ....
Ich sehe das so, weil ...
Ich meine, dass ...
Ich bin dagegen, weil ...

Information

Straßenbau heute

Beim Bau einer Straße muss berücksichtigt werden, wie viel Verkehrsaufkommen* erwartet wird. Ingenieure* prüfen den Boden und legen den günstigsten Weg für die Straße fest. Sie vermessen das Gelände und markieren Punkte, an denen entlang die Straße gebaut wird.

Dann werden Erdarbeiten durchgeführt: Bagger tragen die oberste Erdschicht ab, Einschnitte in Hügel werden gegraben, Straßendämme werden angehäuft. Lastkraftwagen transportieren die Erde. Planierraupen festigen und glätten anschließend den erdigen Untergrund der Straße.

Für den Unterbau der Straße werden Schotter* und Splitt in Schichten aufgebracht. Spezielle Baumaschinen, die Gräder, verteilen den Schotter und den Splitt Schicht um Schicht gleichmäßig und glatt. Walzen, die mehrere Tonnen wiegen, drücken die Schichten zusammen.

Der Oberbau einer Straße ist die Fahrbahndecke. Sie kann aus Asphalt* oder aus Beton* bestehen. Asphaltfahrbahnen werden von großen Maschinen, den Straßenfertigern, gemacht und mit Walzen geglättet. Straßen werden so angelegt, dass das Regenwasser zur Seite abfließen kann.

1 Beschreibe die Arbeitsgänge, die beim Bau einer Straße durchgeführt werden.

2 Zeichne die Schichten einer Straße und beschrifte deine Zeichnung.

Lexikon

A

Ägypten (S. 84) – Das Land liegt in Nordafrika am Nil. Im Norden grenzt es ans Mittelmeer. Die meisten Menschen leben am Nil, der größte Teil des Landes ist Wüste. Über 2000 Jahre lang war es eines der reichsten Länder der Erde. Die Pharaonen-Könige ließen viele Tempel und Grabmäler bauen. Viele Leute besuchen heute in Ägypten die Pyramiden, die riesigen Gräber dieser Könige.

Akku (S. 21) – ist die Abkürzung für Akkumulator. Ein Akku ist eine Batterie, die immer wieder mit Strom aufgeladen werden kann. Durch das Aufladen wird elektrische Energie* in chemische Energie umgewandelt und so gespeichert.

Alkohol (S. 10) – ist eine farblose Flüssigkeit, die leicht brennbar ist. In der Industrie und in der Medizin wird er für viele Dinge verwendet. So wird er z. B. dem Benzin beigemischt, um weniger Erdöl zu verbrauchen. Alkohol entsteht, wenn Stärke und Zucker durch Bakterien* zu gären anfangen. Er ist auch in Getränken wie Bier und Wein enthalten.

allergisch (S. 42) – Bei einer Allergie reagiert der Körper auf bestimmte Stoffe überempfindlich, z. B. auf Katzenhaare. Man kann juckende Hautausschläge, entzündete Augen oder auch Übelkeit und Atemnot bekommen.

Anhang (S. 66) – So bezeichnet man eine Datei, die man mit einer E-Mail mitschickt. Das können Text-, Bild- und Musik-Dateien sein.

artgerecht (S. 47) – das bedeutet, dass Tiere so gehalten und behandelt werden, wie es ihrer Natur entspricht.

Asien (S. 10, 106) – ist der größte Erdteil. Er umfasst fast ein Drittel der gesamten Landfläche der Erde. In Asien lebt mehr als die Hälfte der Menschheit, allerdings unterschiedlich verteilt.

Asphalt (S. 87, 103) – ist ein natürlich oder künstlich hergestelltes Material, das heute hauptsächlich im Straßenbau verwendet wird. Schon vor 8000 Jahren wurde Asphalt verwendet, um Boote und Hauswände gegen Feuchtigkeit abzudichten. Künstlich wird es aus Rückständen der Erdölverarbeitung hergestellt.

B

Bakterien (S. 40, 41, 63, 104, 105, 106, 107) – sind winzige Lebewesen, die wir nicht sehen können, die aber überall vorkommen: in der Luft, im Boden, aber auch in unserem Körper. Viele Bakterien sind nützlich, manche können aber auch Krankheiten verursachen.

Ballaststoffe (S. 14) – sind für den Menschen unverdauliche Teile der pflanzlichen Nahrung. Sie sind in Obst und Gemüse und vielen Getreideprodukten enthalten. Ballaststoffe sind sehr wichtig für die Verdauung.

Barock (S. 90) – ist eine Bezeichnung für ein Zeitalter in der Kunst. Es dauerte etwa von 1600 bis 1770. Aus dieser Zeit stammen viele prachtvolle Schlösser.

Beatrix von Rom (S. 91) – ist eine christliche Märtyrerin*. Sie begrub ihre wegen des Glaubens ermorderten Brüder Faustinus* und Simplicius*. Danach weigerte sie sich ebenfalls ihrem Glauben abzuschwören. Um 303 wurde sie dafür ermordert.

Benediktinermönch (S. 90) – Benedikt von Nursia ist der Gründer dieses Ordens. Ein Mönch weiht sein Leben Gott und lebt nach bestimmten Regeln, meistens in einem Kloster. Benediktinermönche sollen beten und arbeiten.

Benz (S. 22) – Carl Benz lebte von 1844 bis 1929. 1888 unternahm seine Frau, Berta Benz, die erste Fernfahrt mit einemAuto von Mannheim nach Pforzheim.

Beton (S. 103) – ist ein künstlich hergestelltes Gestein aus Sand, Kies und Wasser mit Zement als Bindemittel. Schon die Römer stellten aus Steinen, Sand, Vulkanasche und Wasser eine Betonmischung her, die seit über 2000 Jahren hält.

Bonifatius (S. 90) – Missionar aus England, der in mehreren Reisen das Christentum ins heutige Hessen, Thüringen und Bayern brachte.

Borreliose (S. 80) – ist eine Krankheit, die beim Biss von einer Zecke durch Bakterien* übertragen werden kann. Wenn sie nicht behandelt wird, kann sie sich im ganzen Körper ausbreiten und Nerven, Gelenke und Gewebe schädigen.

C

Cornflakes (S. 15) – Cornflakes sind knusprige Flocken aus Mais. Dazu wird dieser gekocht, Zucker hinzugefügt, dann ausgewalzt, anschließend getrocknet und zerbröselt. Cornflakes bestehen hauptsächlich aus Kohlenhydraten*.

D

demokratisch (S. 8) – Demokratie bedeutet Herrschaft des Volkes. Die Wahlberechtigten wählen dazu in freien Wahlen Abgeordnete in die Parlamente. Diese vertreten dort die unterschiedlichen Ansichten der Bürgerinnen und Bürger. Mit der Wahl eines Klassensprechers/ einer Klassensprecherin wird jemand gewählt, der die Interessen der Klasse vertritt.

Diagramm (S. 40, 61) – In einem Diagramm werden Zahlenwerte als Bild dargestellt. So kann man sie leichter vergleichen.

E

Eiweiße (S. 14) – sind Aufbaustoffe, aus denen der Körper von Tieren und Menschen zum größten Teil besteht. Auch Pflanzen enthalten Eiweiße. Eiweiß in der Nahrung liefert uns Energie*. Eiweiße werden auch Proteine genannt.

Energie (S. 20, 21, 46, 64, 104, 105, 106, 107) – Energie ist die Fähigkeit Arbeit zu leisten. Man kann verschiedene Formen von Energie in einander umwandeln. Energie kann bewegen, Licht schaffen oder wärmen.

Europa (S. 10, 108) – ist ein Erdteil. Er erstreckt sich vom Eismeer im Norden bis zum Mittelmeer im Süden. Im Westen reicht er bis zum Atlantischen Ozean. Im Osten bildet das Gebirge Ural, der Fluss Ural und das Kaspische Meer die Grenze zu Asien*. In Europa leben etwa 740 Millionen Menschen in über 40 Staaten.

F

Faustinus (S. 91) – Er und sein Bruder Simplicius* waren Soldaten im römischen Heer. Während der Christenverfolgung wurden sie wegen ihres Glaubens gefoltert und umgebracht. Körperliche Überreste der Geschwister sind im Hauptaltar des Fuldaer Doms eingemauert.

Ford (S. 23) – Henry Ford (1863–1947) war ein amerikanischer Ingenieur*, der 1903 in den USA* das Ford-Autowerk gründete. Durch die Fertigung am Fließband konnten viele Autos hergestellt und verkauft werden.

G

Generatoren (S. 65, 110) – sind Maschinen, die mechanische Energie* in elektrische Energie umwandeln und so Strom erzeugen. Im Wasserkraftwerk kommt die mechanische Energie von der Drehung der Turbine* die vom Wasser angetrieben wird.

Getreidesilo (S. 13) – Ein Silo ist ein turmhoher Behälter, in dem Getreide, Mehl oder Grünfutter gelagert wird.

Graupen (S. 15) – So nennt man die Gerstenkörner ohne Schale. Man kann daraus Brei kochen oder sie in eine Suppe geben.

Grundwasser (S. 59, 61, 64, 108) – ist stehendes oder fließendes unterirdisches Wasser. Es füllt Hohlräume im Boden oder Gestein aus. Grundwasser bildet sich durch Versickerung von Niederschlägen. Manchmal tritt es wieder als Quellwasser aus. Damit ist es ein Teil des Wasserkreislaufs.

Gutenberg (S. 37) – Johannes Gutenberg lebte um 1400 bis 1468. Eigentlich hieß er Johannes Gensfleisch. Aber man weiß sehr wenig über ihn. Sein Vater war Kaufmann in Mainz. Um 1450 begann er mit der von ihm erfundenen Technik Bücher zu drucken. Dank seiner Erfindung können sich seit dieser Zeit Menschen in Büchern und Zeitungen über alles, was sie wissen wollen, informieren.

H

häuten (S. 82) – Manche Tiere wie Schlangen oder Tier-Larven* können nur wachsen, wenn sie sich häuten. Unter der alten Haut bildet sich eine neue, größere Haut. Die alte Haut platzt auf und wird abgestreift.

Hinterrad-Antrieb (S. 22) – ist die älteste Art, ein Motor-Fahrzeug zu bewegen. Dabei wird es durch die Achse der hinteren Räder angetrieben.

Hirnhautentzündung (S. 80) – kann durch Viren* und Bakterien* übertragen werden. Dabei entzündet sich die Haut, die das Gehirn umgibt. Man bekommt Kopfweh und Fieber, ähnlich wie bei einer schweren Grippe.

Homepage (S. 66) – ist die englische Bezeichnung für die erste Seite mit der ein Internet-Auftritt beginnt.

Hurrikane (S. 29) – sind Wirbelstürme, die über etwa 26 °C warmem Meerwasser entstehen können. Wenn sie mit bis zu 300 km/h* auf Land treffen, haben sie eine enorme Zerstörungskraft.

Hybrid (S. 21) – Ein Hybridfahrzeug ist ein Fahrzeug mit zwei verschiedenen Motoren. Meistens haben diese Autos einen Verbrennungsmotor, der mit Diesel oder Benzin betrieben wird und einen Elektromotor.

I

Infektion (S. 41) – Das Wort kommt aus dem Lateinischen und bedeutet „Ansteckung". Eine Infektionskrankheit entsteht durch das Eindringen von Bakterien* und Viren* in den Körper.

Ingenieure (S. 103, 106) – die Berufsbezeichnung stammt aus dem Französischen. Ingenieure berechnen und konstruieren Maschinen, Bauwerke und Maschinenanlagen. Um Ingenieur zu werden, muss man eine Hochschule besuchen.

K

km/h – (S. 21, 22, 101, 107) – steht für kilometer per hora (lateinisch) und bedeutet Kilometer pro Stunde.

Kohlenhydrate (S. 14, 105) – sind in vielen Nahrungsmitteln enthalten, z. B. in Form von Stärke oder Zucker. Sie liefern unserem Körper schnell Energie*.

kondensieren, kondensiert (S. 27, 59) – Wenn ein gasförmiger Stoff flüssig wird, nennt man das kondensieren. Der gasförmige Wasserdampf wird beim Kondensieren zu Wasser.

L

Larven (S. 32, 47, 78, 106) – So bezeichnet man die noch nicht voll entwickelte Jugendform mancher Tiere. Die Larve kann völlig anders aussehen als das erwachsene Tier.

Luftdruck (S. 26) – ist das Gewicht, mit dem die Luft auf die Erdoberfläche drückt. Da sich die Luftmassen ständig bewegen, ist er nicht immer gleich. Es gibt Hochdruckgebiete mit hohem Luftdruck und Tiefdruckgebiete mit niedrigem Luftdruck. Bei hohem Luftdruck ist es im Sommer meistens sonnig, im Winter oft neblig.

Luftfeuchtigkeit (S. 26) – Auf der Erdoberfläche verdunstet ständig Wasser. Aus dem dadurch entstandenen Wasserdampf bilden sich bei Abkühlung kleine Tröpfchen. Diese werden als Wolken oder Nebel sichtbar.

M

Malz (S. 15) – Gerstenkörner werden in Wasser eingeweicht. Dadurch beginnen sie zu keimen. Nach etwa einer Woche werden sie getrocknet, der herausgewachsene Keimling entfernt und danach geröstet. Das so entstandene Malz wird zerkleinert. Jetzt kann daraus Bier gebraut werden.

Märtyrertod (S. 91, 105) – das Wort Märtyrer stammt aus dem Griechischen und bedeutet „Zeugnis". Ein Märtyrer ist ein Mensch, der für seinen Glauben einen gewaltsamen Tod erlitten hat.

Medien (S. 35) – Mehrzahl von Medium = Mittel, Mittler. Medien vermitteln durch Bücher, Zeitungen und Zeitschriften, Filme, CD-ROMs und DVDs Informationen und Unterhaltung.

Meteorologen (S. 26) – sind Experten für das Wetter. Meteorologie ist die Wetterkunde (griechisch: meteoron = Himmelserscheinung und logos = Lehre, Kunde).

Mineralstoffe (S. 14, 108) – Im Erdboden lösen sich diese Stoffe aus Gesteinen und Erzen. Pflanzen nehmen Mineralstoffe über das Wasser auf, so gelangen sie in unsere Nahrung. Für unseren Körper sind sie sehr wichtig. Kalzium und Phosphat sind z. B. Mineralstoffe, die unser Körper zum Aufbau der Knochen braucht.

Mittelalter (S. 37, 90) – So bezeichnet man die Zeitspanne zwischen etwa 500 und 1500 n. Chr. in Europa*. In dieser Zeit bestimmte die christliche Religion das Leben. Zahlreiche Städte entstanden in dieser Zeit. Kaiser, Könige und Fürsten herrschten über das Volk, das aus Bauern und Bürgern bestand.

N

Nährstoffe (S. 87) – Wie Menschen und Tiere benötigen auch Pflanzen Nährstoffe, um zu wachsen und Samen bilden zu können. Pflanzen benötigen vor allem Mineralstoffe*.

Nektar (S. 76, 78) – ist ein zuckerhaltiger Stoff im Inneren von Blüten. Für Insekten wie Bienen ist er eine wichtige Nahrungsquelle.

O

Oberflächenwasser (S. 59) – ist das Wasser, das sich auf der Erdoberfläche in Flüssen und Seen sammelt. Das Grundwasser* dagegen ist unter der Erde.

P

Pergament (S. 37) – ist eine dünne Tierhaut. Dazu wurden das Fell, die oberste Hautschicht und Fleischreste mit einem Messer abgeschabt. Dann wurde die Haut gereinigt, aufgespannt und getrocknet. Zum Schluss wurde sie geglättet und mit Kreide geweißt.

Popcorn (S. 15) – Dazu werden die Körner von Puffmais mit Öl erhitzt. Puffmais enthält viel Wasser. Beim Erhitzen wird das Wasser zu Wasserdampf. Der Wasserdampf nimmt mehr Raum ein als das Wasser. Dadurch platzt die Schale und die Stärke quillt heraus und erstarrt.

PS (S. 22) – ist die Abkürzung für **P**ferde**s**tärke. Heute ist PS eine veraltete Angabe für die Motorleistung eines Fahrzeugs.

Pumpernickel (S. 15) – so bezeichnet man ein schwarzbraunes Roggenbrot mit süßlichem Geschmack. Ursprünglich war es ein Schimpfwort pumper = aufblasen. Nickel ist die Kurzform von Nicolas.

S

Satellitenbild (S. 92, 93) – Ein Satellit ist ein in die Erdumlaufbahn geschossener Flugkörper, der die Erde ohne eigenen Antrieb umkreist. Es gibt verschiedene Satelliten, z. B. solche, die das Wetter beobachten oder Nachrichten übertragen. Ein Satellitenbild ist ein Bild der Erde, das vom Weltraum aus aufgenommen worden ist.

Sauerstoff (S. 30) – ist ein Bestandteil der Luft. Er ist ein Gas, das man weder sehen noch riechen kann. Für Menschen und Tiere ist es lebenswichtig.

scannen (S. 66) – kommt aus dem Englischen und bedeutet „abtasten", „einlesen". Der Scanner tastet die Vorlage ab und wandelt sie in eine Bilddatei um.

Schiefertafel (S. 70, 71) – besteht aus Schiefer, einem zerbrechlichen Gestein, das sich in dünne Platten spalten lässt. Mit Wasser lässt sich das Geschriebene wieder löschen.

Schotter (S. 103) – nennt man zerkleinerte Steine von 2–7 cm Durchmesser. Auch beim Bau von Gleisanlagen wird Schotter als Untergrund verwendet.

Signatur (S. 34) – So bezeichnet man die Buchstaben und Ziffern, die auf Büchern in einer Bibliothek auf den Buchrücken aufgeklebt sind. Im Katalog der Bücherei sind diese Buchstaben und Ziffern bei den einzelnen Büchern vermerkt. Die Signatur ist eine Kombination aus Buchstaben und Ziffern, die den Standort eines Buches in der Bücherei bezeichnet.

Simplicius (S. 91) – Bruder von Faustinus, siehe Seite 106.

Spam (S. 67) – Das Wort ist eine Abkürzung der englischen Wörter *spiced ham* = gewürzter Schinken. In einem englischen Sketsch besteht in einem Restaurant jedes Gericht aus Spam. Da vergeht einem schnell der Appetit.

Steinzeit (S. 10) – Bezeichnung für einen Zeitabschnitt vor über fünfhunderttausend Jahren. In dieser Zeit fertigten die Menschen Werkzeuge und Waffen aus Stein, daher der Name für diese Zeit.

Sturmius (S. 90) – verkündete im Norden von Hessen das Christentum. Er war der erste Abt des von ihm gegründeten Klosters Fulda. Seine körperlichen Überreste liegen im Dom von Fulda.

Südpol (S. 96) – ist der südlichste geografische Punkt der Erde. Der Nordpol ist der nördlichste geografische Punkt der Erde. Die magnetischen Pole liegen jeweils etwa 1700 km von den geografischen Polen entfernt. Am Südpol liegt der magnetische Nordpol.

Sütterlin (S. 72) – Ludwig Sütterlin (1865–1917) war ein Zeichner, der im Auftrag des preußischen Kultusministeriums Schreibschriften für die Schule entwickelte. Teilweise lernten die Kinder diese Schrift bei uns noch in den Jahren 1950–1960.

T

Tornados (S. 29) – Das Wort stammt aus dem Spanischen und bedeutet „wirbeln". Tornados bilden sich auf einem eng begrenzten Raum über Land und auch auf dem Meer. Ihre Lebensdauer beträgt wenige Sekunden bis zu mehreren Stunden. Tornados gibt es weltweit. Auch bei uns gibt es jedes Jahr mehrere Tornados, die Dächer abdecken und Baukräne umwerfen können.

Triticale (S. 10) – Seine Grannen sind lang und vierkantig. Diese Getreidesorte wurde aus Weizen und Roggen gezüchtet. Die Sorte bringt wie der Weizen hohe Erträge. Vom Roggen hat sie die Anspruchslosigkeit an den Boden und an das Klima. In der Hauptsache wird sie als Viehfutter verwendet.

tropisch (S. 29) – Rund um den Äquator zieht sich ein Landschaftsgürtel um die Erde, den man Tropen nennt. Hier herrscht das ganze Jahr über ein feucht-heißes Klima und es regnet häufig.

Turbinen (S. 65, 106) – sind große Räder aus Stahl. Bei der Stromerzeugung in einem Wasserkraftwerk strömt das Wasser mit hoher Geschwindigkeit auf die Schaufelräder der Turbine, die sich dadurch sehr schnell drehen. Diese Bewegung wird in den Generatoren* in Elektrizität umgewandelt.

U

USA (S. 23, 106) – ist die englische Abkürzung für **U**nited **S**tates of **A**merica = Vereinigte Staaten von Amerika. Man versteht darunter die 50 Bundesstaaten von Nordamerika. An der Spitze der Vereinigten Staaten von Amerika steht der amerikanische Präsident. Washington ist die Hauptstadt.

V

Verkehrsaufkommen (S. 103) – Alle Wege, die in einem bestimmten Gebiet in einer bestimmten Zeit mit Verkehrsmitteln zurückgelegt werden, nennt man das Verkehrsaufkommen.

Viren (S. 40, 41, 67, 106, 107) – ist die Mehrzahl von Virus. Sie sind winzige Gebilde, die Krankheiten verursachen können. Sie nisten sich in Körperzellen ein und zwingen diese, weitere Viren zu produzieren. Auch bei Eindringlingen in einen Computer spricht man von Viren. Computerviren arbeiten ähnlich zerstörerisch wie die Krankheitserreger, daher auch der Name.

Vitamine (S. 14, 15, 39, 40) – sind lebenswichtige Stoffe, die unser Körper nicht selbst herstellen kann. Er braucht sie aber täglich in kleinen Mengen. Fehlen die Vitamine in der Nahrung, wird man krank.

Vorderrad-Antrieb (S. 22) – Beim Vorderrad-Antrieb wird ein Fahrzeug über die vordere Achse angetrieben.

W

wechselwarm (S. 46) – Wechselwarme Tiere können ihre Körpertemperatur nicht regeln. Sie nehmen daher immer die Temperatur ihrer Umgebung an. Fische, Lurche und Kriechtiere sind wechselwarme Tiere.

Wetterballon (S. 26) – trägt Messgeräte bis in 30 km Höhe. Dabei dehnt sich der Ballon aus, sodass er auch mit bloßem Auge gesehen werden kann.

Wettersatellit (S. 26) – Ein Satellit ist ein in eine Erdumlaufbahn geschossener Flugkörper, der die Erde ohne eigenen Antrieb umkreist. Ein Wettersatellit ist mit Messinstrumenten ausgestattet, die alle Wetterdaten erfassen. Diese werden dann mit Hilfe von Funksignalen an Wetterstationen auf der Erde übermittelt.

Wolfsburg (S. 22) – ist eine Stadt in Niedersachsen. Sie wurde 1938 als Wohnort für die Mitarbeiter des neuen Volkswagenwerkes gegründet. Durch den Ausbruch des 2. Weltkrieges wurden nur wenige Wohnungen gebaut. Erst nach dem Krieg vergrößerte sich die Stadt.

BAUSTEINE Sachunterricht 3

Illustriert von

Sabine Comes, Melanie Garanin, Jörg Hartmann, Carmen Hochmann, Markus Humbach, Peter Knorr, Anke Rauschenbach, Barbara Schneider-Rank, Dorothea Tust, Mariona Zeich und Joachim Zwick

Abbildungsnachweis

A1PIX, Taufkirchen: **95.3** (D); action press, Hamburg: **86.1** (Bernd Kammerer); agenda-photographers & journalisten, Hamburg: **17.1** (Joerg Boethling); akg-images GmbH, Berlin: **22.4, 74.3, 74.4**; alamy images, UK-Oxfordshire: **74.5** (Herb Bendicks); Alaska Stock Images, CAN-Anchorage: **27.3** (P. Endres); Artothek, Weilheim: **70.1**; Biosphoto, F-Avignon: **37.1** (Ziegler Jean-Luc & Françoise); blickwinkel, Witten: **84.3** (N. Dautel); Blume Bild, Celle: **70.3** (Kirsch/www.blumebild.com); BMW AG, München: **21.2**; Böhringer, Friedrich: **46.3**; Bridgeman Berlin, Berlin: **37.3** (Bildarchiv Steffens), **84.1**; Corbis, Düsseldorf: **79.11** (Herbert Kehrer/zefa), **90.2** (Klaus Hackenberg), **103.3** (Fabian Matzerath); Das Luftbild-Archiv, Wennigsen: **23.4**; Deutsche Bahn AG, Berlin: **101.2**; Deutscher Wetterdienst DWD, Offenbach: **26.1, 26.3**; Drechsler-Köhler, Beate, Linden-Mühlberg: **47.2**; F1online digitale Bildagentur GmbH, Frankfurt: **27.5** (All Canada Photos), **29.5** (Wave Images), **64.4** (Jogschies); Flughafen Hannover-Langenhagen GmbH, Langenhagen: **101.4**; Ford-Werke GmbH, Köln: **21.4**; fotolia.com: **85.5** (kaipity), **96.1** (jaddingt); Friedrich-Alexander-Universität Erlangen-Nürnberg, Nürnberg: **72.3, 74.2**; getty images, München: **27.2** (Udo Siebig/IFA-Bilderteam), **82.7** (Bachmeier/IFA-Bilderteam); GeoContent GmbH, Magdeburg: **92**; Grundschule Im Einrich, Katzenelnbogen: **101.1** (Klasse 3a); Grundstücks- und Vermessungsamt Fulda, Fulda: **94, 97.1**; Güttes, Stefanie, Mönchengladbach: **7.1**; Hagel Informationszentrum, Reutlingen: **27.4** (Marco Kaschuba); Helga Lade Fotoagentur GmbH, Frankfurt: **79.2** (Alfred Schauhuber), **79.4** (L. Reupert); images.de, Berlin: **27.1** (Uwe Malitz); Joker, Bonn: **26.2** (Ralf Gerard); Jung, Renate, Wiesbaden: **6.1, 18.2, 18.2** (alle), **27.6, 58.2, 84.4, 98.2, 101.3, 101.5**; Juniors Bildarchiv, Ruhpolding: **79.1, 83.2** (D. Harms); Kinder-Akademie Fulda, Fulda: **95.4**; Klappach, Leon, Neu-Anspach: **50**; Kohn, Klaus G., Braunschweig: **11.1, 14.1b, 38 (alle), 54.1, 54.3, 73.1, 73.3**; laif, Köln: **13.2** (Reporters), **13.3** (Zenit/Boening); Lavendelfoto, Hamburg: **17.4** (Barbara Deller-Leppert); Lüdecke, Matthias, Berlin: **23.2**; Lüftner, Werner, Schlier: **18.1, 19.1, 58.1, 87.2**; Maus, Alexandra, Niederneisen: **81.2**; Magistrat der Stadt Fulda Stadtschloss, Fulda: **91.1**; Magistrat der Stadt Fulda Tourismus- und Kongressmanagement, Fulda: **90.1**; mauritius images, Mittenwald: **46.1** (Gerard Lacz); medicalpicture GmbH, Köln: **79.9** (Klaus Moll); Nase, Daniela, Frag doch mal ... die Maus! Mein Körper © 2007 im Bertelsmann Kinder- und Jugendbuchverlag, München, in der Verlagsgruppe Random House GmbH: **36**; Neumüller, Christoph, Stephansposching: **47.1**; OKAPIA KG Michael Grzimek & Co, Frankfurt: **13.1** (Nigel Cattlin/Holt Studios), **17.5** (Rainer Förster), **79.5** (U. Werner), **79.7** (D. Harms), **79.8** (Hans Reinhard), **83.3** (Ingo Arndt); Peter Arnold, Berlin: **46.2** (Tom Vezo); Picture-Alliance GmbH, Frankfurt: **13.4** (Jens Wolf/ZB), **23.3** (Michael Brexendorff/Berlin Picture Gate), **74.8** (Falck/Okapia), **79.3** (Werner Layer/OKAPIA), **79.6** (Aribert Jung/Klett), **79.12** (united archives), **83.4** (S. Pujiman/dpa Bilderdienste), **103.2** (Peter Förster/ZB); Plainpicture, Hamburg: **24.1** (Millenium), **87.1** (Lobster); Premium Stock Photography GmbH, Düsseldorf: **82.5** (Volkmar Brockhaus); Schulmuseum Friedrichshafen am Bodensee, Friedrichshafen: **74.1**; Science & Society Picture Library, Berlin: **22.2** (Science Museum), **26.4** (NASA); Sportunion Salzburg, A-Salzburg: **84.2**; Süddeutsche Zeitung Photo, München: **22.1** (Scherl); The Art Archive, Berlin: **37.2** (Médiathèque François Mitterand Poitiers/Gianni Dagli Orti); TopicMedia Service, Ottobrunn: **82.3** (de Cuveland); Toyota Deutschland GmbH, Köln: **21.3**; TV-yesterday, München: **74.7**; ullstein bild, Berlin: **21.1** (Oleksiy Maksymenko/Imagebroker.net), **23.1, 32.1** (Anton Luhr/Imagebroker.net), **46.4** (Alfred Schauhuber/Imagebroker.net), **71.2** (Haeckel-Archiv), **74.6, 79.10** (Ibis Bildagentur), **95.2** (Imageboker.net), **103.1** (Uselmann); Visum Foto GmbH, Hamburg: **103.4** (Thomas Raupach); Volkswagen AG, Wolfsburg: **22.5**; Vonderau Museum, Fulda: **95.1**; Wiederstein, Claudia, Altendiez: **55.1**; Wiederstein, Tom, Altendiez: **55.2**; Wildlife Bildagentur GmbH, Hamburg: **17.2** (D. Harms), **17.3** (O.Diez), **70.2** (D.Harms), **83.1** (D. Harms); Zentralverband des Deutschen Bäckerhandwerks e. V., Berlin: **13.5**; Zepf, Werner, Bregenz: **82.1, 82.2, 82.4, 82.6**

Trotz intensiver Nachforschungen ist es uns in manchen Fällen nicht gelungen, die Rechteinhaber zu ermitteln. Wir bitten diese, sich mit dem Verlag in Verbindung zu setzen.

BAUSTEINE Sachunterricht 3

Herausgegeben von
Beate Drechsler-Köhler

Erarbeitet von
Ilka Deichmüller, Beate Drechsler-Köhler, Stefanie Güttes, Edith Nitsche, Dorothe Noerdlinger, Marco Streubel und Claudia Wiederstein

Auf der Grundlage von Bausteine Sachunterricht
Erarbeitet von Gudrun Aulke, Diana Dietrich, Anke Fredelake, Sabrina Gninka, Wolfgang Haas, Christian Hardt, Gabriele Hinze, Nicole Heitfeld, Werner Lüftner, Stefanie Metzner, Rainer Mues, Dieter Mutschler, Edith Nitsche, Gisela Papstein, Susanne Stever, Britta vom Bovert und Geli Wald

S. 67 E-Mail: www.internet-abc.de
Alle anderen Texte sind Originalbeiträge der Autorinnen und Autoren.

Druck A[1] Jahr 2010
Alle Drucke der Serie A sind im Unterricht parallel verwendbar.

Redaktion: Renate Jung
Herstellung: Sonja Burk, Frankfurt/Main
Umschlaggestaltung: Visuelle Lebensfreude, Hannover, Peter Pfeiffer (Illustration), www.biolib.de (botanische Zeichnung), www.phoocase.de (Hintergrund)
Typografie und Layout: Anke Rauschenbach, Annette Henko
Satz und technische Umsetzung: Schmidt und Weber Konzept-Design, Kiel
Druck und Bindung: westermann druck GmbH, Braunschweig

ISBN 978-3-425-15301-8